Günther Just · Die ruhmreichen Vier

GÜNTHER JUST

Die ruhmreichen Vier

Flieger-Asse von Sieg zu Sieg

Mölders, Marseille, Nowotny und Rudel erzählen

N

NATIONAL VERLAG · HANNOVER

1972
1. Auflage
© Copyright by National-Verlag, Hannover
Printed in Germany
Alle Rechte beim Verlag
ISBN 3-920 722   14 0
Gesamtherstellung: Kölle-Druck, Preußisch Oldendorf

Inhalt

Vorwort 7

„Vati" Mölders 11

Hans-Joachim Marseille — der „Stern von Afrika" . . . 45

Walter Nowotny — der „Jägerblitz vom Wolchow" . . . 57

Hans-Ulrich Rudel — „Adler der Ostfront" 87

Anhang mit Lebensläufen in Stichworten 115

„Ein Staat ist immer so viel wert,
wie Männer bereit sind,
für ihn zu sterben."

August Winnig

Vorwort

Generalfeldmarschall *Helmuth von Moltke*, von 1858—1888 preußischer Generalstabschef, stellte militärisch kurz und treffend fest: „Im Kriege wiegen Eigenschaften des Charakters schwerer als die des Verstandes."

Und vom Schriftsteller *Ernst Jünger*, der als Frontsoldat durch die Stahlgewitter des Ersten und Zweiten Weltkrieges ging, stammt das Wort: „Der Mensch ist dem Material überlegen, wenn er ihm die große Haltung entgegenzustellen hat, und kein Maß und Übermaß der äußeren Gewalten ist denkbar, dem die seelische Kraft nicht gewachsen wäre."

Wann und wo auch immer in der leider an Kriegen nicht gerade armen Weltgeschichte Soldaten für ihr Vaterland gegen einen an Zahl und Material überlegenen Gegner kämpfen mußten — ob im Altertum oder in der Neuzeit — stets waren es die Besten unter ihnen, welche die große Herausforderung einer aussichtslos erscheinenden Lage angenommen und ihre Pflicht bis zum Sieg oder bis zum bitteren Ende getan hatten. Zu allen Zeiten und bei allen Völkern galten sie als heldenhafte Vorbilder und — falls sie ihren Einsatz mit dem Leben hatten bezahlen müssen — wurden ihre Gräber und Gedenkstätten vom ganzen Volk und seinen Führern geehrt und gepflegt und auch vom Gegner geachtet. Wer aber als tapferer Soldat das Glück hatte, den Kampf zu überleben und heimzukehren, der konnte der allergrößten Hochachtung in der Heimat sicher sein. So ist es noch heute in allen Ländern und Nationen, so war es früher auch in Deutschland ...

Wenn im Zusammenhang mit einem Kriege von opferbereiter Pflichterfüllung gesprochen wird, für die es in der Geschichte der Völker unzählige Beispiele gibt, müssen wir nicht erst bis zu Leonidas und seinen Spartanern bei den Thermopylen zurückgehen; wir brauchen nur an den in der Geschichte einmaligen Opfergang des deutschen Volkes zu denken, das rund sechs Jahre lang einer Welt von Feinden an den Fronten und dem grausamen Bombenterror in der Heimat widerstand, bis

7

sich leider dann doch die Waagschale des Schicksals schwer auf unser Land senkte. Wie Brennus im alten Rom, so warfen danach die Sieger 1945 ihr schweres Schwert, mit dem sie angeblich nur gegen die Führung des Deutschen Reiches, aber nicht gegen das Volk gekämpft hatten, in diese Waagschale, machten sich so zu Richtern in eigener Sache und übten — da sie ja einen „Kreuzzug gegen die Ungerechtigkeit" geführt hatten — Gerechtigkeit auf ihre Art...

*

Nach beinahe dreißig Jahren ist es an der Zeit, sich zu erinnern:

Wir haben zwar den Krieg verloren, aber nicht die Ehrfurcht vor den vielen eigenen und fremden Opfern, die er gekostet hat.

Wir haben 1945 zwar vernommen, daß der Feind für „die bessere Sache" gekämpft haben will, aber wir überhörten dabei vermutlich, wie er das für die Nachkriegszeit verstanden haben wollte.

Wir haben zwar den Krieg verloren, aber nicht die Hochachtung vor der Tapferkeit, dem Opfermut und Einsatzgeist und den einmaligen großen Leistungen unserer Soldaten und ihrer Kameraden in den europäischen Freiwilligenverbänden.

Wir haben zwar den Kampf verloren, aber nicht die Erinnerung daran, daß rund dreißig Jahre nach dem Kriege noch deutsche Gefangene in Gaeta (Italien), Breda (Holland) und Berlin-Spandau hinter Stacheldraht und Gittern sitzen.

*

Ohne den Krieg verherrlichen zu wollen, der für jedes Volk, für jedes Land der Welt ein großes Unglück ist — wer wohl könnte das besser beurteilen als die ehemaligen Frontsoldaten aller Nationen? —, will dieses Gedenkbuch die längst zur Geschichte gewordenen hervorragenden Leistungen von vier großen deutschen Soldaten würdigen.

Mölders, Marseille, Nowotny und Rudel sind vier unvergessene Flieger-Asse aus dem umfangreichen Ehrenbuch der Großdeutschen Luftwaffe. Sie haben sich zusammen mit vielen anderen Flugzeugführern durch ihre ruhmreichen Taten für alle Zeiten ins Buch der Geschichte eingetragen. Diese vier Kriegsflieger kämpften bis zu ihrem letzten Feindflug mit ungebrochener Tapferkeit und dem Willen zum Sieg, obwohl sie von Jahr zu Jahr — wie alle Flugzeugbesatzungen der Luft-

waffe — immer härteren Belastungen ausgesetzt wurden und eine Bewährungsprobe in den Feueröfen der Luftschlachten zu bestehen hatten,
die in der Luftkriegsgeschichte der ganzen Welt einmalig war.

Das hohe fliegerische Können, ihre großen einmaligen Leistungen,
die von keinem Flugzeugführer der kriegführenden Nationen auch nur
annähernd erreicht wurden — was die ehemaligen Gegner auch fairer-
weise zugeben — und vor allem der Einsatzgeist, der sie beseelte und der
ihnen die Kraft zu solchen hervorragenden Erfolgen gab, ließen sie zu
Vorbildern werden, von denen sogar in Zeitschriften und Fliegerbüchern
der früheren Feindstaaten mit einer geradezu begeisterten Hochachtung
berichtet wird. Im Deutschland des Meinungsmachermonopols der „Ver-
gangenheitsbewältiger" geschieht das äußerst selten. Um so mehr muß
dem National-Verlag dafür gedankt werden, daß er es unternommen
hat, ein Gedenkbuch über die ruhmreichen vier Flieger-Asse herauszu-
geben. Der Verfasser möchte auch nicht versäumen, den Fliegerkameraden und vor allem Herrn Diplom-Kaufmann Rudolf Nowotny in
Österreich für die Unterstützung durch Quellenmaterial herzlichst zu
danken. Der Dank gilt auch dem Bundesarchiv und jenen Verlagen, aus
deren Fliegerbüchern stellenweise zitiert werden konnte.

15. August 1972   Günther Just

„Vati" Mölders

„Einen Augenblick stockte mir wirklich der Atem . . ., ich erkannte in weiter Ferne bei Valencia viele kleine Punkte . . . Gegner! Der ersehnte Augenblick war da. Ich stieg noch fünfhundert Meter höher und gab unaufhörlich das Angriffszeichen. Die Punkte kamen näher . . . ich erkannte Curtiss, etwa vierzig bis fünfundvierzig. Wir sind sechs, alle unerfahren, aber sie haben uns noch nicht gesehen. — Auf sie! — Ich komme wundervoll heran, schieße aber vor Aufregung viel zu früh — der Bursche macht kehrt — zieht mir entgegen — ich sehe das Mündungsfeuer von vier MGs auf mich gerichtet. Donnerwetter, bekomme ich einen Schreck: So einfach ist das Abschießen doch nicht. Da, ein Fallschirm, eine brennende Curtiss — der erste Abschuß für meine Staffel. Wer mag es gewesen sein? — Wieder herum die Kiste und dazwischen — Rauchspur hängt in der Luft — zwei Curtiss kommen mir entgegen — ich schwitze wie ein Bulle — durch! — Da, eine Messerschmitt, die senkrecht stürzt — hoffentlich fängt sie sich noch — Gott sei Dank! — Nur heute im ersten Luftkampf keine Maschine verlieren! 45:6, ich mache mir Vorwürfe, daß ich angegriffen habe — weiter, bloß kämpfen, ich bin plötzlich ganz ruhig, übersehe den ganzen Luftraum. Da ziehen zwei Curtiss hoch, ich tauche unter, komme von unten herauf, der hintere bemerkt mich, türmt — aber den anderen habe ich im Visier — fünfzig Meter — alle meine vier MGs hämmern los — er bäumt sich auf, kippt ab — ich hinterher, noch einmal hämmern die MGs — er raucht, er brennt — erster Luftsieg — ich bin unerhört glücklich — wo sind meine Me's?!? —

Die Curtiss sind alle nach unten weggedrückt, ich sammle vier Flugzeuge von mir und fliege nach Hause. Über dem Platz wird tüchtig mit den Maschinen gewackelt (das Zeichen für einen Abschuß). Hinter mir wackelt noch eine Maschine. Es ist Leutnant Lippert, der den ersten Abschuß für die Staffel hatte. Unten sehe ich meine Mechaniker hochspringen vor Freude. Mein braver Erster Wart, mit dem guten deutschen

Namen Meier, kann den ersten weißen Strich auf das Leitwerk malen. Leutnant Oesau hatte auch seinen Ersten abgeschossen und so konnte ich stolz meinem Kommandeur aus unserem ersten Luftkampf drei Luftsiege melden."

Das trägt Oberleutnant Werner Mölders am Abend des 15. Juli 1938, nach seinem ersten Luftsieg, ins Tagebuch ein. Der 25jährige Jagdflieger hat als Nachfolger Adolf Gallands die Führung der 3. Jagdstaffel 88 übernommen, die zur „Legion Condor" gehört.

Die deutschen Freiwilligen der Luftwaffe — getarnt als „KdF"-Urlauber nach Spanien gereist — fliegen „jenseits der Grenzen, mit den Fliegern Italiens vereint", wie es im Lied der „Legion Condor" heißt. Sie unterstützen den Freiheitskampf unter Führung General Francos gegen die sogenannten „republikanischen" Rotspanier und ihre ausländischen Genossen in den „Internationalen Brigaden". Die Pyrenäenhalbinsel ist dazu ausersehen, Brückenkopf der Moskauer „Komintern" (Kommunistische Internationale) zu werden. Aber der spanische Stier hat etwas gegen die blutrote Fahne der Weltrevolution: er nimmt sie auf die Hörner und zerfetzt sie. Stalin, so geschickt er mit Hilfe seiner „Fünften Kolonne" in Spanien auch die „Komintern"-Karten gemischt hat, verliert das Spiel.

Aber bis es soweit ist, daß nach Ende des sogenannten spanischen „Bürgerkrieges" die „Legion Condor" — von den Berlinern jubelnd empfangen — durchs Brandenburger Tor in die Reichshauptstadt einziehen kann, fließt noch viel Wasser den Ebro hinunter, starten die wenigen deutschen Jäger Tag für Tag zum Feindflug, um sich hoch über der spanischen Erde mit dem Gegner im Luftkampf zu messen.

*

Was empfindet ein Jagdflieger nach dem ersten Luftsieg? Mölders, einige Jahre nach dem 15. Juli 1938 von einem PK-Berichterstatter darauf angesprochen, antwortete: „Wenn ich heute an meinen ersten Abschuß zurückdenke, an dieses wohl größte Ereignis im Leben eines jeden Jagdfliegers, dann tue ich das sehr kritisch und versuche, meine Gefühle hierbei zu analysieren. Dies tue ich schon aus dem Grunde, weil es meine Aufgabe als Führer von Jagdfliegern ist, den mir anvertrauten Flugzeugführern den ersten Abschuß zu erleichtern, soweit das möglich ist. Dazu aber ist es gut, wenn man weiß, mit welchen Nöten sich die neuen Häschen herumplagen, bevor der erste unten liegt. — Der Anblick des feindlichen Hoheitszeichens auf den Tragflächen der Gegner versetzte mich in eine gewisse Erregung oder besser Spannung. Die Freude, endlich an den Feind zu kommen, überwog aber bei weitem die Besorgnis, ob ich auch alles richtig machen würde, wie ich es gelernt hatte. Der Gedanke, mir selbst könnte etwas zustoßen, kam gar nicht. Ich glaube, ich hatte einfach keine Zeit dazu. Diese freudige Spannung verführte mich zu dem Fehler, zu früh auf die Knöpfe zu drücken. Aber schon beim zweiten Gegner hatte die ruhige Überlegung gesiegt: ‚Du mußt näher 'ran!' Dieser zweite hat mir dann allerdings den Abschuß leicht gemacht.

Der erste Luftsieg kann für die ganze Laufbahn eines Jagdfliegers entscheidend sein. Ich kenne mehr als einen, bei dem sich regelrechte Minderwertigkeitsgefühle einstellten, wenn es bei noch so vielen Feindberührungen nicht klappen wollte. Manchem dieser Anfänger habe ich zu seinem ersten Abschuß verholfen, der dann auch sofort den Bann brach und dem Flugzeugführer wieder das Vertrauen zu sich selbst zurückgab. Ich darf ruhig sagen, daß meine Abschußziffer erheblich höher läge, wenn ich nicht immer wieder junge Flugzeugführer zu Schuß brächte. Es kann nicht unser Ziel sein, einzelne ‚Asse' mit hohen Abschußzahlen zu züchten. Bei der Qualität unseres Nachwuchses stellen sich diese zwangsläufig von selbst ein. Viel wichtiger erscheint mir, eine möglichst große Zahl von Jagdfliegern zu guten Durchschnittsleistungen zu erziehen.“

Einer der ersten, der die hohen menschlichen und militärischen Führungseigenschaften des jungen Fliegeroffiziers erkannte, war Adolf Galland. Vor seinem Weggang aus Spanien — gegen Ende Mai 1938 —, ehe Mölders dessen Staffel übernahm, schrieb er in einer Beurteilung an die vorgesetzte Dienststelle u. a. folgendes: „Oberleutnant Mölders ist ein hervorragender Offizier und großartiger Flugzeugführer mit außergewöhnlichen Führungseigenschaften.“

Wie beliebt Mölders als Vorgesetzter und Kamerad bereits in Spanien war — er hatte stets ein offenes Ohr für die Sorgen und Probleme der ihm unterstellten Männer —, geht schon daraus hervor, daß sie ihn in Gesprächen über ihren jungen „Alten“ verehrungsvoll „Vati Mölders“ nannten. Das ist wohl der beste Ehrentitel, den ein blutjunger Offizier von seinen Untergebenen erhalten kann!

*

Mehrmals bekommen die deutschen Flieger auf den spanischen Feld-flugplätzen „Besuch" von der „anderen Feldpostnummer". Mölders no-tiert über so ein Ereignis im Tagebuch: „Am 4. früh besuchten uns Mar-tin-Bomber, Ratas und Curtiss. Bei der 2. Staffel hat es leider etwas eingeschlagen. Sechs Me's wurden durch Splitter leicht beschädigt. Die Folge dieses Bombardements war drei Tage lang Nervosität und böses Schielen zum Himmel."

Weil die feindlichen Flugplätze in den nächsten Tagen unter einer ausgedehnten dichten Nebeldecke liegen, können sie sich nicht „revan-chieren". Aber bereits am 11. Oktober hält Mölders mit Genugtuung in seinem spanischen Tagebuch fest: „Gestern haben wir sie erwischt! — End-lich mal wieder Martin-Bomber. Meine Staffel hatte Jagdschutz für un-sere eigenen Kampfflieger gegeben, die unaufhörlich die feindlichen Stel-lungen an der hartumkämpften Straßengabel Venta de Camposines be-warfen. Nach dem Abflug der Bomber bummelten wir noch etwas um-her. — Ich wollte schon heimfliegen, als ich ganz in der Ferne fünf Punkte, Richtung Tarragona, erkannte. Das konnte nur Feind sein! — Ich stieg mit der Staffel auf 6000 Meter und flog im Bogen ins Feindge-biet hinein, um die Martin-Bomber, denn als solche entpuppten sich die Punkte, erst ran an die Front zu lassen. Beim Näherfliegen entdeckte ich in 5000 Meter rechts und links von den fünf Bombern zwei Staffeln Ratas. Gerade wollte ich meine Staffel zum Angriff ansetzen, da taucht in 6200 Meter noch eine Staffel Ratas auf. Etwa 35 feindliche Jäger also zum Schutz von fünf Bombern. Ich hatte nur zehn Me's ...
Ich mußte mit meinem Schwarm [vier Maschinen] nun erst einmal die feindlichen Jäger angreifen, um sie von ihren Bombern abzuziehen, und dann mußten einzelne Kameraden von mir versuchen, an die Bomber heranzukommen. Wir flogen in der Sonne, der Gegner hatte uns an-scheinend noch nicht bemerkt. Gerade hatte ich das Angriffszeichen gegeben, um die erste Rata-Staffel zu fassen, als sich ein einzelnes Flug-zeug löste und nach unten abkippte. Der Bursche hatte uns bemerkt und wollte jetzt die Bomber warnen. — Warte, mein Lieber! — Ich konnte ihm den Weg abschneiden, bekam ihn etwas von der Seite zu fassen und schoß aus 60 Meter Entfernung. Ich erkannte noch, wie in die übrigen Ratas Unruhe hineinkam und sie auf mich herunterstießen, aber meine Me's saßen ihnen schon im Genick. Mein Gegner mußte sofort Wirkung verspürt haben, er legte sich auf den Rücken, kippte ab — ich hätte ihn beinahe gerammt — bekam ihn wieder ins Visier, schoß im senkrechten

Sturzflug aus allen vier Maschinengewehren ... brennend ging er als riesige Fackel zu Boden.

Beim Umsehen entdeckte ich überall Ratas hinter mir. Ich hatte eine Bullenfahrt, fing ab und nützte die Geschwindigkeit aus, um wieder Höhe zu gewinnen. Um mich herum befanden sich Me's in heftigem Luftkampf mit den feindlichen Jägern. Ganz weit zogen allein die fünf Bomber — nein — dahinter klebten ja zwei kleine Punkte — da brannte auch schon ein Bomber — und da stürzte ein zweiter mit einer Riesenrauchfahne ab. Meine ‚Holzaugenrotte' (zwei Flugzeugführer, die ich immer über dem Gros meiner Staffel fliegen ließ) war auf die allein fliegenden Bomber durchgebrochen, und jeder der beiden Flugzeugführer schoß einen Martin-Bomber ab. Nun kehrten nur noch drei feindliche Bomber zurück ...“

Einige Tage später klingelt im Gefechtsstand das Telefon, und Oberstleutnant Plocher vom Führungstab der „Legion Condor" teilt Mölders mit: „Ich freue mich, Ihnen folgenden soeben aus Deutschland eingetroffenen Funkspruch bekanntgeben zu können: Der Führer hat Sie wegen hervorragender Leistungen als Jagdflieger vorzeitig zum Hauptmann befördert."

Die Beförderung des 25jährigen spricht sich schnell herum. Fast ununterbrochen klingelt das Telefon und „spuckt" Glückwünsche aus. Aber am größten ist der Jubel in Mölders' Staffel. Und abends ist ein Staffelfest fällig, bei dem der frischgebackene Hauptmann dafür sorgt, daß genügend Nachschub an Bierkästen anrollt, die es in Spanien übrigens „in sich haben" — nämlich je Kasten achtzig Flaschen ... Die feuchtfröhliche Stimmung schlägt mächtige Wellen. Und Mölders' Männer stellen wieder einmal fest, daß ihr verehrter „Vati" nicht nur im Luftkampf rangiert, sondern auch „nach alter Väter Sitte" einen anständigen Humpen zu schwingen versteht. Ein Glück, daß ein Dauerregen am nächsten Vormittag Starts unmöglich macht, so daß der fehlende Schlaf nachgeholt werden kann.

Die Schlechtwetterlage hält vierzehn Tage an. Für die fliegenden Einheiten der „Legion Condor" bedeutet das eine Zwangspause. Dann kommt der 31. Oktober, jener Tag, an dem die Nationalspanier im Ebrobogen den offensiven Durchbruch und damit die Wende im Spanienkrieg der „Komintern" zu ihren Gunsten erzwingen können. Mit größter Tapferkeit und unerhörtem Opfermut wird auf beiden Seiten gekämpft. Seit etwa dreieinhalb Monaten geht das Ringen um das strategisch wichtige Gebiet des unteren Ebrobogens. Nun gelingt es mit

Fliegerunterstützung, die roten internationalen „Volksfront"-Truppen zurückzuschlagen. Rund 75 000 Mann Verluste hat der Gegner in der Ebroschlacht hinzunehmen. Von diesem Schlag kann er sich nicht mehr erholen.

Bereits am ersten Tag des großen Ringens um den Ebrobogen, am 31. Oktober 1938, gelingt Hauptmann Mölders der Abschuß von zwei Feindjägern. Damit erzielt das erfolgreichste Flieger-As der „Legion Condor" seinen zwölften und dreizehnten Luftsieg. Den 14. Gegner holt er mit seiner Messerschmitt drei Tage später vom Himmel. Unter dem Datum vom 3. November schreibt er ins Tagebuch: „ . . .Am Nachmittag treffen wir auch noch Ratas an, die aber wieder wie ein Wasserfall türmen. Ich stoße ein wenig hinterher, um einem Gegner, wie ich so sage, ‚ein wenig hinten an der Hose zu riechen', wobei ich aber meine Staffel verliere, die ich erst wieder hochziehen sehe, wie ich ohne Erfolg auch wieder hochkomme. In diesem Augenblick sehe ich eine einzelne Rata. Ich bekomme sie zu fassen, kurze Kurbelei, und sie fällt. Dem Flugzeugführer gelang es noch, mit dem Fallschirm abzuspringen. Die Maschine selbst schlug mit einer riesigen Explosionswolke bei Mora de Ebro auf. Dies war mein 14. bestätigter Luftsieg." (Drei weitere Luftsiege im spanischen Bürgerkrieg konnten nicht bestätigt werden, da Mölders das Pech hatte, keinen „Luftzeugen" zu haben und die abgeschossenen Maschinen auf Feindgebiet aufschlugen.)

Mit 14 Lufttsiegen (vier Curtiss I-15 und zehn Polikarpow I-16-Ratajäger) ist Werner Mölders der erfolgreichste Jagdflieger der „Legion Condor". Er wird mit dem deutschen Spanienkreuz in Gold mit Brillanten ausgezeichnet.

*

Werner Mölders wurde am 18. März 1913 in Gelsenkirchen/Westfalen als dritter Sohn des Studienrates Viktor Mölders geboren, dessen Vorfahren als tüchtige Handwerker und Bauern am Niederrhein in der Gegend bei Cleve gelebt hatten. Mütterlicherseits stammt Werner Mölders aus einer alten, angesehenen Brandenburger Kaufmannsfamilie. Als er zwei Jahre alt war, fiel sein Vater im Ersten Weltkrieg als Leutnant der Reserve am 2. März 1915 beim Sturmangriff auf Vauquois/Argonnen in Frankreich. Auch in späteren Jahren blieb es für Werner Mölders immer ein schmerzlicher Gedanke, daß er sich nicht mit Bewußtsein an das Gesicht seines Vaters erinnern konnte. So mußte die Mutter, die mit

16

ihren drei Buben und der Tochter nach Brandenburg an der Havel gezogen war, wo ihre nächsten Verwandten wohnten, immer wieder ihren vier Kindern vom gefallenen Vater erzählen. Vor allem Werner fragte oft nach ihm und sah sich häufig die Bilder an, die seinen Vater im feldgrauen Ehrenkleid im Schützengraben in Frankreich zeigten.

Brandenburg/Havel ist Garnisonstadt. An den Wochenenden wird das Straßenbild von den Uniformen der Infanteristen und Kürassiere geprägt. Als Frau Mölders eines Tages mit dem vierjährigen Werner an der Hand durch die Straßen geht, zeigt der Bub auf die feldgrauen Soldaten und kräht so laut er kann: „Mutti, ich will Sollat werden!" Über das hübsche Gesicht der jungen Frau scheint ein Schatten zu gleiten. Sie denkt an ihren gefallenen Mann, der in den Argonnen den Soldatentod starb.

Werner besucht die Volksschule, ist acht Jahre alt und will noch immer Soldat werden. Aber weil er wußte, daß seine Mutter gegen diesen Wunsch war, bedrängte er später oft seine Verwandten, ihm beim Überreden der Mutter zu helfen. Mit elf Jahren — er ist zu Besuch bei Verwandten in Trier/Mosel — beeindruckt ihn ein Flugzeug, das hoch oben über der Porta Nigra seine Kreise zieht. Werner ist begeistert und bettelt bei seinem Onkel Reinhard so lange, bis der mit ihm einen Spaziergang zum Flugplatz unternimmt, wo zum ersten Mal nach dem Weltkrieg deutsche Verkehrsmaschinen stehen, mit denen Rundflüge gemacht werden können. Mit hochrotem Gesicht und brennenden Augen starrt der Junge die Flugzeuge an und beobachtet sie vom Start bis zur Landung.

„Onkel Reinhard, ich möchte so gern...", Werner hat noch nicht ausgesprochen, da drückt ihm sein Onkel auch schon sechs Mark in die Hand (so wenig kostete damals ein Rundflug) und sagt lächelnd: „Lauf, mein Junge, steig ein und flieg!" Das läßt sich Werner nicht zweimal sagen. Er rennt so schnell er kann zum nächsten Flugzeug und ist selig, als er Trier tief unten wie eine Spielzeugstadt und die schöne Mosel wie einen Wiesenbach liegen sieht. Dieses Erlebnis ist unvergeßlich für ihn! Aber damals hat er nicht im Traum daran gedacht, daß er viele Jahre später einmal selber hinter dem Steuerknüppel sitzen und zu den erfolgreichsten und im In- und Ausland bekanntesten Jagdfliegern der Welt gehören würde...

Werner Mölders verbringt in Brandenburg an der Havel eine herrliche Jugendzeit. Er tritt in den „Neudeutschlandbund" ein, wird Fähnlein-, später Gruppenführer und lernt zusammen mit seinen Pfadfinderkameraden die Schönheiten der Natur auf Wanderungen, in Zeltlagern und bei Geländespielen kennen. Schon zu dieser Zeit zeigt sich im Umgang mit den ihm anvertrauten Pfadfindern seine Führungsbegabung. Oft ist er in den Ferien auch bei seinem Onkel auf dem Land in der Nähe Brandenburgs, der in dem Jungen die Liebe zur Natur weckt und ihn früh zu einem passionierten Jäger macht.

Weil er sich während der Schulzeit auch noch als aktiver Ruderer auf den herrlich gelegenen Havelseen betätigt und im Brandenburger Ruderclub hilft, so manche Regatta zu gewinnen, bleibt ihm oft nur wenig Zeit, sich intensiv mit den Schularbeiten zu befassen. Jahre später bei der Luftwaffe schreibt er — wie es seine Art ist — ganz offen mit seiner ausgeprägten, schönen deutschen Handschrift in einem Lebenslauf kurz und treffend u. a.: „Reform-Realgymnasium besucht, mit 17 Jahren Abitur. Schlechter Schüler in Sprachen und Mathematik, gut in Geschichte, Erdkunde, Religion. Sehr gut in Sport, Zeichnen, Singen. Begeisterter Ruderer, sonst immer als Pfadfinder draußen im Gelände. Besondere Jagdpassion. — Wollte immer Offizier werden, hat alles geklappt."

Es hat wirklich „alles geklappt" mit dem Offiziersberuf. Aber es klappte nicht sofort, als er Flugzeugführer werden wollte. Doch sein zäher Wille überwand das Hindernis . . .

Die Siegermächte des Ersten Weltkrieges hatten 1919 im Schanddiktat von Versailles, nach einem Wortbruch des amerikanischen Präsidenten Wilson, dem Deutschen Reich 70 000 Quadratkilometer Land mit 6,5 Millionen Einwohnern entrissen und viele souveräne Hoheitsrechte außer Kraft gesetzt oder eingeschränkt. Unter anderem durfte Deutschland keine Luftwaffe, nur eine kleine Marine und nur ein 100 000-Mann-Heer unterhalten. Wer die Offizierslaufbahn in diesem kleinen Heer einschlagen wollte, mußte sich einer scharfen Ausleseprüfung unterziehen. So auch Werner Mölders, der sich 1931 als Offiziersanwärter bei der Infanterie beworben hatte. Die schwere Aufnahmeprüfung legte er im deutschen Ostpreußen ab, das durch Siegerwillkür keine Landverbindung mehr mit dem Reich hatte.

Mölders stand kurz vor dem Abitur, da kam die ersehnte Nachricht: Das Infanterieregiment 2* in Allenstein stellte ihn als Offiziersanwärter ein. Von 60 Bewerbern, die zur schweren Prüfung angetreten waren, wurden nur drei eingestellt — einer davon war Werner Mölders. Nach

---

* Regimentskommandeur war Bernhard Ramcke, der spätere Fallschirmjägergeneral.

der Rekrutenausbildung in Allenstein wurde er nach Rastenburg/Ostpreußen versetzt und am 1. Oktober 1931 zum Fahnenjunker-Gefreiten befördert. Nach seiner kurze Zeit später erfolgten Rückversetzung erhielt er in Allenstein die Ausbildung zum Gruppen- und Zugführer in einer Schützenkompanie, nachdem er am 1. April 1932 zum Fahnenjunker-Unteroffizier befördert worden war.

Im Oktober kam Mölders auf die Kriegsschule nach Dresden. Der Schulbetrieb lag ihm zwar nicht, aber dank seiner ausgezeichneten Lehrer schnitt er in allen Fächern trotzdem gut ab und bestand die Abschlußprüfung. Am 1. Juni 1933 zum Fähnrich befördert, wurde er noch im gleichen Jahr zum Pionierbataillon 1 nach Königsberg/Ostpreußen versetzt, kurz darauf zur Pionierschule München. Dort verlebte er mit dreizehn anderen Pionierfähnrichen herrliche Zeiten. Vor allem der „feuchte" Außendienst auf dem Starnberger See und der Isar machte den jungen Soldaten viel Spaß. Der begeisterte Ruderer Mölders war hier in seinem Element.

Eines Tages gingen unter den Fähnrichen Gerüchte um, daß eine neue deutsche Militärluftfahrt vorbereitet werde. Und schon bald wurden die Fähnriche gefragt, ob sie Lust zum Fliegen hätten. Werner Mölders, der sich an seinen Flug über Trier erinnerte, meldete sich sofort und mußte bald darauf zur ärztlichen Untersuchung und Fliegertauglichkeitsprüfung. Bleich und übelriechend, wie er später erzählte, verließ er den „Drehstuhl", weil er „luftkrank" geworden war. Der Befund „fliegeruntauglich" traf ihn schwer. Aber er gab nicht auf. Und endlich befahl man ihn zu einer zweiten Tauglichkeitsprüfung. Ergebnis: „Bedingt fliegertauglich!"

Am 1. Februar 1934 zum Oberfähnrich des Heeres befördert, wurde er fünf Tage später zur Verkehrsfliegerschule Cottbus kommandiert. Schon die ersten Einweisungsflüge mit Fluglehrer bekamen ihm schlecht: wieder mußte er „Bröckchen lachen", wie es so schön abgemildert über diese unschöne „Luftkrankheit" heißt, wenn man Galgenhumor aufbringt ...; und den hatte Mölders, auch wenn sich zu dem revoltierenden Magen während der Flüge auch noch Kopfschmerzen und Schwindelgefühle einstellten. Es sah schlecht aus mit seiner Fliegerlaufbahn! Der Fluglehrer sprach schon von Ablösung, aber das wollte Mölders nicht: sein Ziel hieß Flugzeugführer werden! Um das Urteil des Fluglehrers zu überprüfen, setzte sich der Gruppenfluglehrer ans Doppelsteuer. Und dieser Überprüfungsflug verlief erstaunlicherweise völlig einwandfrei. Ebenso seltsam war es, daß der Flugschüler Mölders seit diesem Tage weder mit Magenbeschwerden noch mit Schwindelgefühlen zu kämpfen hatte. Aus dem „bedingt tauglichen" Fliegerhäschen wurde sogar einer der besten Flugschüler unter 60 angehenden Flugzeugführern.

Das Ausbildungsprogramm umfaßte Flüge und Prüfungen auf einmotorigen Sportflugzeugen und zum Schluß auch auf der dreimotorigen Ju 52. Mit dem C-2-Flugzeugführerschein (Blindflugschein) in der Tasche kam Oberfähnrich Mölders zur Kampffliegerschule Tutow.

Am 1. März 1934 zum Leutnant befördert und offiziell von der neuen Luftwaffe übernommen, folgte die Versetzung nach Schleißheim bei München zur Jagdflieger- und Sturzkampfausbildung. Hier flog er die Fokker D 13 und die Arado-Maschinen 64 und 65. Von Schleißheim kam der zweiundzwanzigjährige Leutnant am 15. Juli 1935 zum Geschwader „Immelmann"* nach Schwerin/Mecklenburg. Neben seinem Dienst auf dem erst im Aufbau befindlichen Fliegerhorst hielt Mölders an den Oberschulen Werbevorträge für die Luftwaffe.

Anfang März bekam Leutnant Mölders den Befehl, sofort mit sechs Arado 65 nach Lippstadt/Westfalen zu fliegen. Trotz sehr schlechten Flugwetters führte er seine Maschinen sicher durch die „Waschküchen"-Gebiete auf dem Flugkurs, so daß es zu keinem Ausfall kam. Die eben gelandeten Flugzeugführer machten in Lippstadt große Augen: Jeder Soldat lief mit Stahlhelm und Bewaffnung herum. Jetzt erfuhr Mölders, daß er und seine Kameraden an einem denkwürdigen geschichtlichen Ereignis teilnehmen würden, an der Wiederbesetzung des Rheinlandes, das laut Siegerdiktat von Versailles für alle Zeiten eine „entmilitarisierte Zone" bleiben sollte. Der Führer und Oberste Befehlshaber der Wehrmacht, Adolf Hitler, hatte das Rheinland wieder der souveränen deutschen Wehrhoheit unterstellt.

Als erster nach dem Weltkrieg landete Leutnant Mölders am 7. März 1936 mit seinem zweisitzigen Doppeldecker Arado 65 in Düsseldorf.

Ihm und seinen Kameraden wird von vielen Tausenden jubelnder Menschen auf dem Flugplatz Düsseldorf ein überwältigender Empfang bereitet. Man behält den ausgebildeten Jagdflieger Mölders gleich dort beim Jagdgeschwader „Horst Wessel", wo er als Jagdfluglehrer drei Jagdfliegerkurse leiten muß. Am 1. April 1936 zum Oberleutnant befördert, wird er zur II./JG 134 nach Werl/Westfalen versetzt und über-

---

* Wurde im Zweiten Weltkrieg zum berühmtesten Stuka-Geschwader. Letzter Kommodore war Oberst Hans-Ulrich Rudel, „Adler der Ostfront".

nimmt die Führung der 1. Jagdschulstaffel. Sein Vorgesetzter ist Oberstleutnant *Theo Osterkamp,* mit 32 Luftsiegen einer der erfolgreichsten
Jagdflieger des Weltkrieges und Träger der höchsten Tapferkeitsauszeichnung, des Pour le mérite, später Ritterkreuzträger und Generalleutnant.

Viele, die von Mölders in Werl und bei anderen Einheiten als Jagdflieger ausgebildet wurden, gehörten später zu den Flieger-Assen des
Zweiten Weltkrieges. Unter anderen Oberst *Walter Oesau* (125 Luftsiege, davon acht in Spanien, Träger des Eichenlaubs mit Schwertern zum
Ritterkreuz des Eisernen Kreuzes, gefallen am 11. 5. 1944), Major
Helmut Wick (42 Luftsiege, Eichenlaub zum Ritterkreuz, am 28. 11.
1940 südlich der Insel Wight im Luftkampf abgeschossen, nach Fall-
schirmabsprung über See vermißt), Major *Hans Hahn* (108 Luftsiege,
davon 68 im Westen, 36 weitere Abschüsse unbestätigt, Eichenlaub zum
Ritterkreuz), Major *Hans von Hahn* (34 Luftsiege, davon 17 im Osten,
Ritterkreuz, am 5. 11. 1957 in Frankfurt/Main gestorben), Hauptmann
Wolfgang Lippert (29 Luftsiege, davon 4 in Spanien, Ritterkreuz, nach
Operation in englischer Gefangenschaft am 3. 12. 1941 gestorben),
Hauptmann *Horst Tietzen* (27 Luftsiege, davon 7 in Spanien, Ritter-
kreuz, am 18. 8. 1940 vom Feindflug nicht zurückgekehrt, später bei
Calais/Frankreich tot angeschwemmt) und Major *Otto Bertram* (21
Luftsiege, davon 8 in Spanien, Ritterkreuz).

Am 15. März 1937 übernahm Mölders eine Jagdstaffel bei einem
neuaufgestellten Jagdgeschwader in Wiesbaden.

Seit Ende 1936 waren immer wieder einige Flugzeugführer aus den
Einheiten verschwunden, ohne vorher ihren Kameraden auch nur mit
einem Sterbenswörtchen zu verraten, wohin sie gingen. Es dauerte
einige Zeit, bis unter den Zurückbleibenden das Gerücht von „Kraft-
durch-Freude-Urlaubern" die Runde machte. Und bald war das Rätsel
gelöst: Die auf so geheimnisvolle Art verschwundenen Kameraden hatten in Zivil als Freiwillige eine Reise nach Spanien angetreten, um in der
deutschen „Legion Condor" für General Franco und seine national-
spanische Sache zu kämpfen.

Auch Mölders meldete sich sofort freiwillig. Ihm und seinen Jagd-
fliegerkameraden war klar, daß sie in Spanien die Möglichkeit hatten,
die Richtigkeit ihrer Luftkampftheorien in der Praxis zu erproben. Erst
nach langem Warten und Drängen (man wollte auf Mölders als erst-
klassigen Jagdfluglehrer nicht verzichten) wurde er ebenfalls als Freiwilliger für die Legion angenommen und nach Spanien geschickt, wo er

(siehe 1. Buchabschnitt) vom 14. April bis 5. Dezember 1938 im Einsatz war; in den ersten vier Wochen unter Führung von Oberleutnant *Adolf Galland* (3./Jagdstaffel 88), der in Spanien auf der He 51 (Doppeldecker) Sturzflug- und Tiefangriffe flog und bahnbrechend für die Entwicklung der Schlachtfliegerei im Zweiten Weltkrieg wurde. (Der heutige Generalleutnant a. D. Adolf Galland, eines der größten Jagdflieger-Asse, errang insgesamt 104 Luftsiege (alle im Westen) und erhielt als zweiter Soldat der Wehrmacht am 28. 1. 1942 als Oberst nach 94 Luftsiegen die damals höchste Tapferkeitsauszeichnung, das Ritterkreuz mit Eichenlaub, Schwertern und Brillanten.)

„Vati" Mölders, seine Kameraden vom fliegenden und technischen Personal und die Me 109 haben die erste große Feuerprobe in Spanien bestanden. Unter dem „Abschiedstag", dem 5. Dezember 1938, lesen wir im spanischen Tagebuch des fünfundzwanzigjährigen Hauptmanns Mölders: „Da stehe ich neben meinem braven Luftroß und schaue es an. Und die ganze große, stolze Zeit, die ich kämpfend hier in Spanien verbrachte, von Ostern bis heute, dem 5. Dezember, zieht noch einmal in packend bunten Bildern an meiner Seele vorüber. Da oben schweben wir, meine wackeren Kameraden und ich, unter dem heißen Himmel des Südens, in kurzen Hosen, das Hemd offen, hinunterstarrend auf das rauhe, kampfdurchtobte Kraterland, das sich, braungedörrt von heißer Sommersonne, unter uns zeigt. Da oben schweben wir, umhüllt von den weißen Wattebäuschen der feindlichen Flak, deren Leuchtgeschosse an unseren Kabinen vorüberhuschen.

Lebe wohl, schönes, stolzes, leidgequältes Spanien! Nur kurze Zeit noch, dann braust der Sieg mit seinen sturmzerfetzten Fahnen über das ganze Land. Nur kurze Zeit noch, dann hallt der Marschtritt deiner siegreichen Regimenter durch die Straßen von Madrid vorüber an eurem Caudillo Franco, und mit euch marschieren die Regimenter der „Legion Condor" — der deutschen Legion.

Ein geeintes, freies, stolzes und mächtiges Spanien wünsche ich euch, ihr spanischen Kameraden. Ohne Bruderzwist im Innern, unabhängig nach außen, stolz sich seiner großen Vergangenheit erinnernd. Und vergeßt niemals, daß der Weg zur Freiheit und Größe nur den in sich einigen, mächtigen, vom roten Gift und Bruderhaß nicht gelähmten Völkern freigegeben ist!

Noch einmal stehe ich neben meinem geliebten Flugzeug. Wie ein Lebewesen kommt es mir vor, wie ein lebendiges Tier, das mich sicher durch die Lüfte zu Kampf und Sieg getragen hat, trotz Not und Wunden."

Vom Flugplatz La Cenia, wo er so oft zum Feindflug gestartet war, bringt eine Ju 52 den erfolgreichsten Spanienflieger, Hauptmann Werner Mölders, zurück nach Deutschland. Auch die Führung der deutschen Legion, Generalleutnant *Volkmann* und Oberstleutnant *Plocher*, verließ zu gleicher Zeit die Iberische Halbinsel. Damit wurde der periodische Austausch deutscher Führungskräfte beibehalten, der während des ganzen Bürgerkrieges vorgenommen worden war. Dieser Führungswechsel fand noch vor Beginn der nationalspanischen Dezember-Offensive in Katalonien statt.

Zwei Me 109-Schwärme (je vier Maschinen) seiner 3. Staffel gaben dem in der Ju 52 heimkehrenden „Vati" Mölders das Ehrengeleit bis weit aufs Mittelmeer hinaus. Unter Führung von Mölders — also bis zum siegreichen Abschluß der Ebroschlacht — errang die Staffel 42 bestätigte Luftsiege, bei Verlust von nur einer Maschine; der Flugzeugführer, Unteroffizier März, konnte mit dem Fallschirm „aussteigen", geriet in Gefangenschaft und wurde später ausgetauscht.

Werner Mölders, schon damals Vorbild der Jagdflieger, konnte in Spanien wertvolle taktische Erkenntnisse und Führungserfahrungen sammeln, die in der Folgezeit der gesamten deutschen Jagdfliegerwaffe zugute kamen und ihr in der Anfangszeit des Krieges einen beachtlichen Vorsprung vor den gegnerischen Luftstreitkräften einbrachten.

Mölders war es u. a. zu verdanken, daß die Me 109 eine bessere Bewaffnung erhielt und daß das gefechtsmäßige Fliegen nach seinen Erkenntnissen und den Erfahrungen, die auch seine Kameraden in Spanien gemacht hatten, eingeführt wurde. „Der Sprung vorwärts zum modernen Luftkampf, für den Mölders in erster Linie verantwortlich zeichnete, ließ die anderen Weltmächte weit zurück", urteilen ehemalige Gegner, die amerikanischen Luftwaffenexperten Toliver und Constable, in ihrem Werk „Das waren die deutschen Jagdflieger-Asse 1939—1945" (Motorbuch-Verlag Stuttgart, 1972). „Mit Unterstützung anderer junger deutscher Jagdflieger entwickelte und erprobte Mölders in Spanien das, was seitdem als ‚Vierfinger-Schwarm' bekannt geworden ist, weil er den Fingern der ausgestreckten menschlichen Hand gleicht." Im Verlauf des Krieges wurde dann das deutsche gefechtsmäßige Fliegen im Schwarm mit entsprechend großem Gefechtsabstand zwischen den einzelnen Maschinen, von den alliierten Jägern übernommen.

*

Große Erfolge haben auch manche Nachteile, wie Mölders vom Januar bis März 1939 in Berlin feststellte. Man hatte ihn zum Reichsluftfahrtministerium versetzt, wo er täglich hinter einem Schreibtisch hocken mußte. Das gefiel ihm gar nicht. Aber hier stellte er die in Spanien gesammelten Erfahrungen zusammen und verfaßte die neue Jagdflieger-Dienst- und Ausbildungsvorschrift, die der deutschen Jagdfliegerwaffe 1939 und 1940 vor Beginn des Polen- und Westfeldzuges einen überlegenen Vorsprung verschaffte. (Die heutzutage leider noch immer übliche Bezeichnung „Beginn des Zweiten Weltkrieges" wurde vom Verfasser absichtlich vermieden, weil sie nicht den zeitgeschichtlichen Tatsachen entspricht. Der begrenzte europäische Krieg ist erst durch die Politik des USA-Präsidenten Roosevelt zum „Weltkrieg" ausgeweitet worden.)

Am 15. März 1939 übernahm Mölders in Wiesbaden die 1. Staffel beim JG 53, dem späteren „Pik-As"-Geschwader. Alle drei Staffelkapitäne der 1. Gruppe (Hauptmann Mölders, Hauptmann Pingel, Hauptmann Lippert) hatten an den verschiedenen Abschnitten des Spanienfeldzuges teilgenommen, so daß sie ihre Flugzeugführer mit den Regeln eines modernen Luftkampfes vertraut machen konnten. Und Hauptmann Meier, Chef der Stabskompanie, ebenfalls ein „alter Spanier", sorgte bei Verlegeübungen dafür, daß auch das Bodenpersonal die Erfahrungen von Spanien in die Praxis umsetzte.

✱

Als am 1. September 1939 der Polenfeldzug beginnt und die Großdeutsche Wehrmacht in einem nur achtzehn Tage dauernden „Blitzkrieg" die chauvinistischen Pläne Warschaus vom „Marsch nach Berlin" wie Seifenblasen zerplatzen läßt, fliegt zwar Mölders' Bruder Viktor als Oberleutnant in einem Zerstörergeschwader Einsatz auf Einsatz, er selber aber liegt mit seiner Staffel auf einem Flugplatz im „Warteraum" hinter dem Westwall. Das „Pik-As"-Geschwader ist in Bereitschaft. Noch besteht der Befehl, bei den Überwachungsflügen nicht die französische Grenze zu überfliegen. In der ersten Zeit überwachen die Staffeln die Gegend zwischen Trier und Saarbrücken. Angestrengt beobachten die Flugzeugführer den westlichen Luftraum. Aber so sehr sie auch „nach drüben" starren, es läßt sich kein feindlicher „Flugzeugschwanz" sehen. Ganz selten wird in der Ferne ein Gegner entdeckt. Aber hinfliegen, um ihm mal kurz — wie es in der Fliegersprache heißt — „an der Hose zu riechen", gibt's nicht. Befehl ist Befehl!

Sitzbereitschaft und Überwachungsflüge zerren an den Nerven. Jeder Flugzeugführer fiebert der ersten Feindberührung entgegen. Aber nichts rührt sich hier im Westen. Es ist ein „drolliger Krieg" („drôle de guerre"), wie die Franzosen sagen.

Am 8. September wäre es beinahe mit dem weiteren Jagdfliegerleben von Hauptmann Mölders vorbei gewesen. An diesem Tag kann er „Fliegergeburtstag" feiern . . .

Über Saarbrücken bekommt seine Maschine Motorschaden, er entschließt sich zur Notlandung. Weil die bei Wölfersweiler/Birkenfeld von ihm dafür ausersehene große Wiese so „einladend" günstig scheint und er seine gute Me nicht durch eine Bauchlandung beschädigen möchte, fährt er das Fahrwerk aus. Die Maschine setzt auf und überschlägt sich, weil der Landeplatz sumpfig ist. Mölders übersteht den Überschlag dank der Anschnallgurte, ist aber eingeklemmt und kann sich nicht allein befreien. Bauern versuchen ihn unter den Trümmern hervorzuziehen, vergebens! Erst einigen Flaksoldaten gelingt das. Mölders ist, abgesehen von einer schmerzhaften Verstauchung des Rückens, unverletzt geblieben, aber mit der Fliegerei ist es für die nächsten acht Tage aus. Er verzweifelt schier an seinem Pech, während inzwischen die Flugzeugführer seiner Staffel die erste Feindberührung haben und einige Abschüsse erzielen können.

Erst am 19. September sitzt Hauptmann Mölders wieder hinter dem Steuerknüppel und fliegt seine neue Maschine ein. Und am nächsten Tag ist's dann endlich soweit: Mölders hat mit seinem Schwarm (vier Maschinen) die erste Gelegenheit, zu zeigen, welcher Angriffsgeist in deutschen Jägern steckt: zwischen Trier und Merzig in rund 5000 Meter Höhe entdeckt er genau über der Front zehn Punkte. An der Art des Fliegens erkennt Mölders, daß es sich um Jäger handelt. Durch Funksprech (FT) gibt er seinen Kameraden kurze Anweisungen und führt den Schwarm in die richtige Angriffsposition. Eine kurze Kurbelei „4 gegen 10", ein Feuerstoß aus den Bordwaffen, und eine Curtiss stürzt brennend ab. Der französische Flugzeugführer rettet sich mit dem Fallschirm. Mölders hat seinen 15. Luftsieg erzielt, den *ersten* im Westen. Einem Unteroffizier gelingt ebenfalls ein Abschuß. Die übrigen acht Feindjäger verschwinden mit einer „Affenfahrt" im Sturz nach „drüben".

Der Jubel auf den Staffelliegeplätzen ist groß, als zwei Maschinen aus Mölders' Schwarm im Tiefstflug, wenige Meter über der Graspiste, wackelnd ihre Abschüsse anzeigen.

Als er selbst mit seiner Me zum Liegeplatz rollt, steht da schon sein Flugzeugwart Kuhnhäuser mit Farbtopf und Pinsel in der Hand. Woher er die Farbe so schnell organisiert hat, verrät er nicht. Kurz darauf trägt das Seitenleitwerk an der Maschine des Staffelkapitäns den ersten Strich. Bis zum 10. Mai 1940, dem Beginn des Westfeldzuges, wird der Flugzeugwart noch öfter den Farbpinsel „schwingen" können ...

Mölders bekommt das EK II und wird Anfang Oktober mit der Aufstellung der III. Gruppe des JG 53 beauftragt, die er in den folgenden Wochen zu einem einsatzbereiten Verband zusammenschweißt.

Der „Feldzug der achtzehn Tage", für Erdtruppen und Luftwaffe ein Blitzsieg ohnegleichen, ist zu Ende. Es gibt keine polnische Armee mehr, die doch nach Berlin marschieren wollte ... Den größten Teil Polens hat die Deutsche Wehrmacht besetzt, während die Sowjetarmee in Ostpolen einmarschiert ist.

Am 6. Oktober 1939 überträgt der deutsche Rundfunk eine Rede, die Adolf Hitler an das deutsche Volk und die Westmächte richtet.

Das deutsche Staatsoberhaupt betont u. a., daß es keinen Grund zum Kriege mit England und Frankreich gäbe: „Hat Deutschland an England irgendeine Forderung gestellt, die etwa das Britische Weltreich bedroht oder seine Existenz in Frage stellt? Nein, im Gegenteil! Weder an Frankreich noch an England hat Deutschland eine solche Forderung gerichtet. Soll dieser Krieg wirklich nur geführt werden, um Deutschland ein neues Regime zu geben, das heißt, um das jetzige Reich wieder zu zerschlagen und mit ihm ein neues Versailles zu schaffen, dann werden Millionen Menschen zwecklos geopfert ..." * — „Mögen diejenigen Völker und ihre Führer nun das Wort ergreifen, die der gleichen Auffassung sind, und mögen diejenigen meine Hand zurückstoßen, die im Kriege die bessere Lösung sehen zu müssen glauben ... " **

Frankreichs Ministerpräsident Daladier und Englands Premier Chamberlain lehnen Hitlers Friedensangebot ab.

Der „drollige Sitzkrieg" im Westen geht weiter, bis am 10. Mai 1940 der deutsche Angriff beginnt. Wie schon bei der Besetzung Dänemarks

---

* Zitat aus: Erich Kern „Opfergang eines Volkes", Seite 186, Verlag K. W. Schütz KG, Göttingen, 1963.
** Zitat aus: Dr. Peter Kleist „Aufbruch und Sturz des 3. Reiches", Verlag K.W. Schütz KG, Preußisch Oldendorf.

und Norwegens operieren Heer und Luftwaffe reibungslos zusammen. Holland kapituliert am 15., Belgien am 27. Mai. In Frankreich zieht sich das britische Expeditionskorps in Richtung Dünkirchen zurück. Hitlers Stillhaltebefehl an die deutschen Panzerverbände ermöglicht es, am 2. Juni 235 000 Briten nach England einzuschiffen. Das Kriegsmaterial bleibt zurück. Am 22. Juni 1940 kapituliert Frankreich.

*

Am 2. April 1940 hatte Gruppenkommandeur Hauptmann Werner Mölders bei Saargemünd seinen 7. Abschuß im Westen erzielt. General der Flieger *Sperrle*, Chef der Luftflotte, überreichte ihm das Eiserne Kreuz I. Klasse. Seinen 8. Gegner, eine französische Curtiss, schoß er am 20. April ab. Drei Tage später schickte Mölders Nr. 9, eine britische Hurricane bei Perl (Südspitze Luxemburgs) zur Erde.

Im Westfeldzug flog Mölders mit seiner Gruppe zunächst Begleitschutz für Kampfverbände. Gleich in den ersten Tagen erzielte seine Gruppe dreizehn Abschüsse, bei nur einem Verlust. Am 22. Mai konnte Mölders seinen 17. Luftsieg verbuchen, und einige Tage später holte er bei einem Einsatz gleich zwei Bloch-Jäger vom Himmel und errang damit als erster Jagdflieger den 20. Luftsieg. (Mit seinen Abschüssen in Spanien sind es jetzt 34.)

Wegen persönlicher Tapferkeit vor dem Feinde und kühnen und erfolgreichen Einsätzen seiner Jagdgruppe verlieh ihm am 29. 5. 1940 der Führer als *erstem* Jagdflieger das Ritterkreuz des Eisernen Kreuzes.

*

Am 5. Juni geht es wie ein Lauffeuer durch alle Staffeln: „Vati" Mölders vom Feindflug nicht zurückgekehrt! Gerüchte wollen wissen, er sei brennend abgestürzt und tot. Hauptmann Mölders gefallen? Daran glaubt keiner, möchte keiner glauben. Und außerdem will jemand gesehen haben, daß er nach einem Luftkampf mit Morane-Jägern westlich von Compiègne, 60 Kilometer hinter den feindlichen Linien, mit dem Fallschirm „ausgestiegen" sei. Tatsächlich, es ist noch einmal verhältnismäßig gut gegangen: Mölders geriet in französische Gefangenschaft, aus welcher er erst am 30. Juni zurückkehrte.

Über seinen „schwarzen Tag" und die Erlebnisse hinter den französischen Linien verfaßte er später folgenden Bericht:

„Frankreich, den 5. Juni 1940: Ich fliege vormittags einen Einsatz mit einer Staffel. Sechzig Minuten sind vergangen, noch keine feindliche Maschine gesehen. Endlich werden Punkte südlich Noyon gemeldet. Ich drehe darauf zu — es sind eigene! Eine fremde Me-Staffel kommt uns entgegen. Doch fast im selben Augenblick erkenne ich sechs schwarze Punkte, die in zwei Ketten nach Süden wegdrücken. Ich spreche sie als feindlich an und mache mich an die Verfolgung. Langsam kommen wir näher. Ich erkenne einen Potez-Aufklärer, begleitet von fünf Bloch-Jägern. Sie drücken stark nach Hause weg. Endlich, in etwa 5000 Meter, habe ich meinen Haufen dran, mache kurze Zielverteilung und dann — hinein!

Ich greife die Maschine am weitesten links an, unter mir liegt Compiègne. Nach kurzem Beschuß fliegen mir die Brocken des feindlichen Jägers um die Ohren. Ich verspüre einen harten Schlag an meiner Maschine — ein kurzer Schreck —, aber der Motor geht ruhig weiter. Neben mir sind zwei Me's in den Gegner hineingefahren. Leutnant Claus schickt einen zu Boden.

Wo ist eigentlich der Aufklärer geblieben? — der muß noch fallen! Da, tief am Boden, eine Bloch ist noch bei ihm. Ich gehe auf den Jäger, die Bloch-Maschine, habe zuviel Fahrt, kann nicht mehr schießen, bin plötzlich neben ihm. Ganz deutlich sehe ich den Piloten, der stur auf seinen Aufklärer starrt, den er beschützen soll; die Kabine ist offen, und ich kurve leicht auf ihn ein — er sieht mich erschreckt an und — schwupp — ist er in rasantem Abschwung weg. Das wollte ich erreichen. Denn nun kann ich geradeaus auf den Aufklärer hinunterstoßen. Aber der Kerl fliegt phantastisch. Im Tiefflug geht es über ein Dorf, tiefer als der Kirchturm, hinein in ein Flußbett; ich bekomme ihn kurz ins Visier — Hemmung links, durchladen, noch tiefer zwischen zwei Pappeln durch, jetzt bin ich auf fünfzig Meter heran — hochziehen über eine Telephonleitung — wieder rasant hinunter — einen Meter hoch über eine Wiese — da habe ich ihn im Visier! Ungespitzt fährt er in den Boden, eine dreißig Meter lange Feuersäule hinter sich. Der bringt keine Aufnahme mehr nach Hause.

Wir haben nur noch für fünfzehn Minuten Brennstoff, also nun schnell nach Hause! Ich sammle Oberleutnant Wittenberg und Leutnant Claus und andere, und im Tiefflug geht es heim — Patsch! — Ein Schlag! Gewehrtreffer, aber ungefährlich.

Über dem Platz wird gewackelt; Kuhnhäuser, mein braver Erster Wart, kann den vierundzwanzigsten und fünfundzwanzigsten Strich ans Leitwerk malen. — ‚Ich glaube, die Maschine kommt noch mal ins Museum!' sagt er zu mir, aber dazu sollte es nicht kommen; es waren die letzten Striche an meinem braven Vogel, der ältesten und erfolgreichsten Maschine meiner Gruppe.

17 Uhr 15 Start, wieder mit einer Staffel. Wir fliegen bis Amiens, und die Zeit ist fast um. Über uns Maschinen, aber wir können sie nicht ausmachen. Wir steigen auf 7000 — Me's! Also wieder etwas tiefer, und allmählich nach Hause. — Da plötzlich: sechs Morane!! Ich setzte zum Angriff an, mitten im Angriff erkenne ich zwei fremde Me-Staffeln, die von hinten und oben denselben Gegner angreifen. Sie sind eher dran, also setze ich mich erst mal ab und sehe mir das von oben an. Sie schießen viel zu früh, es gibt die übliche Kurbelei, wobei sich einige Morane wacker zum Kampf stellen. Da geht eine Me brennend hinunter, der Pilot hängt am Fallschirm.

Ich besehe mir diesen Kampf eine Weile und greife dann eine Morane an, die vergeblich von drei Messerschmitts immer wieder in der Kurve beschossen wird. Kurz bekomme ich sie ins Visier — sie schwimmt sofort ab, hat aber noch nicht genug. Plötzlich zieht sie unter mir hoch, ich verliere sie unter der Fläche — da ist sie wieder seitlich unter mir — Donnerwetter! — schießen tut diese Morane auch noch — allerdings sehr weit. Ich kurve kurz ab, um dann stark in die Sonne zu ziehen. Sie muß mich verloren haben, denn sie dreht in entgegengesetzter Richtung ab und verschwindet nach Süden.

Unten schlagen sich noch zwei Me's mit einer letzten Morane herum. Ich beobachte den Kampf, der in Tiefflug übergeht, wobei die Morane durch dauerndes Kurven sich einem wirksamen Beschuß entziehen kann.

Ein Blick zurück nach oben hinten — alles noch voll von kurvenden Me's.

Ich bin etwa 800 Meter hoch — da plötzlich knallt und funkt es durch meine Kabine, daß mir schwarz wird!

Der Gashebel wird zerschossen, der Steuerknüppel haut nach vorn, senkrecht geht's nach unten. — Jetzt raus — sonst ist es aus . . .

Ich fasse den Abwurfhebel, die Kabine fliegt ab — da bäumt sich mein braver Vogel noch einmal auf und gibt mir die letzte Gelegenheit, die Gurte zu lösen und mich aus dem Sitz zu heben. Frei! — Ziehen an der Reißleine — ich habe sie plötzlich abgerissen in der Hand — ein unheimlicher Schreck durchfährt mich. Ich greife nach oben — aber — da hat sich der Fallschirm schon geöffnet.

Ja, und nun wird es ganz ruhig. Noch einmal sehe ich meine Maschine steuerlos dahinstürzen, die linke Fläche stark aufgerissen; kurz über dem Boden bäumt sie sich noch einmal auf, als ob sie es selbst nicht glauben wollte, daß sie nun doch nach 25 Siegen auch einmal besiegt wurde, um dann senkrecht aufzuschlagen und restlos zu verbrennen.

Ganz ruhig hänge ich am Fallschirm; ich suche meinen Gegner, aber nur Me's kreisen um mich herum — nur Me's! Ganz leise schwebe ich dem Boden zu, und dieser Boden ist noch vom Feind besetzt — sechzig Kilometer hinter der Front, westlich von Compiègne. Ich ziehe meine Pistole und entsichere sie, um sie dann in die Hosentasche zu stecken. Unter mir nehmen zwei Bauern ihre Pferde zusammen und türmen. Eine kurze Geländeorientierung läßt ein kleines Waldstück erkennen, sonst alles Wiesen.

Der Boden kommt plötzlich schnell näher, ich hocke die Beine an — Aufprall verhältnismäßig weich, bin sofort vom Fallschirm los und renne auf den Wald zu. Von den Seiten kommen Franzosen angerannt — hier ist schon der Waldrand — rumms! — haut mir ein Schuß um die Ohren. Ich werfe meine Pelzjacke fort und laufe, daß mir der Atem knapp wird, zum anderen Ende des Wäldchens.

Hier drin bleiben hat keinen Zweck, denn das Wäldchen werden sie sofort systematisch durchsuchen. Am jenseitigen Waldrand sichere ich einen Moment und sehe von beiden Seiten Soldaten und Bauern auf den Wald zulaufen. Vor mir breitet sich ein großes Lupinenfeld aus, ich robbe hinein, um möglichst weit von meiner Absprungstelle fortzukommen.

Plötzlich höre ich in der Nähe eine mächtige Detonation und sehe eine dicke blaue Rauchwolke aufsteigen. Meine durch den Aufschlag in Brand geratene Maschine ist explodiert. Auf Ellbogen und Knien robbe ich weiter, ab und zu vorsichtig das Gelände abspähend. Etwa eine Stunde kann ich mich so ungesehen weiterarbeiten, doch da sehe ich plötzlich, wie auch dieses Feld abgesucht wird und Männer von vorne auf mich zukommen.

Ich lege mich ganz flach in das Feld — auf zehn Meter kommt ein Bauer vorüber — da geht er links an mir vorbei und sieht mich nicht — und schon glaube ich die Gefahr vorüber — da werde ich von hinten angerufen . . . aus!

Ganz ruhig stehe ich auf und sehe jetzt erst überall Soldaten und Bauern, die das Feld absuchen. Während des Aufstehens knallt mir nochmals so ein wildgewordener Poilu einen Schuß um die Ohren, trifft mich aber nicht. Also — Hände hoch — gefangen . . .

Im Nu bin ich von einer Meute von fünfzig Menschen umringt, fünf Bajonette sind auf mich gerichtet, bis endlich ein Offizier dazukommt, der mich untersucht und mir einschließlich Ritterkreuz alles abnimmt — viel habe ich ja Gott sei Dank nicht bei mir. Mit Polohemd und einem ärmellosen Pullover stehe ich zwischen diesem Haufen, der ständig anwächst und schon während der Leibesuntersuchung mit ‚freundlichen‘ Worten nicht spart.

Ich bedeute dem französischen Offizier, daß ich Fliegerhauptmann sei, und sage schließlich ‚en avant!‘ als nichts mehr abzunehmen ist.

Kaum habe ich mich wieder umgedreht, um einer Landstraße zuzugehen, als das Wutgejohle der Meute anschwillt, und der erste Fußtritt in meiner Hose sitzt.

‚Nur ruhig bleiben!‘ denke ich — da habe ich schon einen Kolbenhieb im Kreuz. Ein kleiner bäuerlicher Giftzwerg springt mich von der Seite an, rennt jedoch gegen meinen ausgestreckten Ellbogen und schlägt der Länge nach hin. Jetzt tobt die Menge immer mehr, irgendeiner reißt mir das Hemd herunter, und ein neuer Kolbenschlag trifft das linke Auge, so daß das Blut über die Backe läuft.

Irgendwie instinktiv drehe ich mich jetzt plötzlich scharf um, nehme Front zu dem ganzen Haufen und brülle den Offizier an: ‚Vous êtes officier?‘ —

Und das bewirkte, daß er endlich einschreitet, und ich nun noch mit einigen Püffen zu einem Personenwagen gelange, in dem ich fortgefahren werde.

Die Soldaten und der Offizier, die mit mir fahren, sind jetzt ganz ruhig. Ich selbst blute erheblich. Nach einer kurzen Fahrt rollen wir in einen Park hinein und landen vor einem Schloß, in dem ein Brigadestab untergebracht ist. Hier werde ich verhältnismäßig anständig behandelt; ein Colonel führt mich zunächst in einen Waschraum, wo ich mir das Blut abwaschen kann, reicht mir dann ein Glas Wein und gibt mir sofort das Ritterkreuz wieder.

Ich darf in einem Vorraum Platz nehmen, wo mir der Colonel erzählt, er habe für seine ganze hier ruhende Brigade Alarm gegen ‚parachutistes‘ (Fallschirmjäger) gegeben, weil er dachte, es kämen noch mehr vom Himmel herunter. — Das war nun wieder zu viel der Ehre . . .

Nach etwa einer halben Stunde werde ich durch einen Offizier im Personenkraftwagen zu einem Vernehmungsoffizier gebracht, und zwar nach Vinuel. Der Mann behandelt mich sehr sachlich; nach Angabe meiner Personalien versucht er zwar, militärische Dinge zu erfahren, läßt jedoch sofort mit einem Lächeln davon ab, als ich ihm erkläre, daß ich darüber keine Angaben mache. — Auch ein Fliegeroffizier, der etwas neugierig ist, bekommt durch den Vernehmungsoffizier einen Wink, so daß er die Zwecklosigkeit seiner Fragerei schnell einsieht ...

Bald darauf führen mich zwei Soldaten mit aufgepflanztem Seitengewehr durch das ganze Dorf zu einem von Militär besetzten größeren Gebäude. Dieser Gang ist nun wenig feierlich, da ich wüste Schimpfkanonaden einer haßerfüllten Menge über mich ergehen lassen muß. — In dem zu diesem Gebäude gehörenden Garten steht ein Ziegenstall, dessen Pforte mir jetzt geöffnet wird — und ich spaziere hinein. Hinter mir wird der Laden dicht gemacht ...

Gerade will ich mich niederlegen, als nochmals die Tür geöffnet wird und ein sehr freundlicher Posten mir eine halbe Flasche Wein, eine halbe Büchse Ölsardinen und etwas Brot hereinreicht. Ich zögere mit meiner Abendmahlzeit keinen Augenblick, stelle dabei kurz fest, daß das Schloß an meiner Tür recht neu und stabil ist und daß zwei Soldaten meinetwegen Wache schieben müssen. Hieraus ziehe ich die Folgerung, daß mit dem heutigen Tage nicht mehr viel anzufangen ist und daß ich an den folgenden Tagen vielleicht ruhige, gesunde Nerven nötig brauchen werde. Also packe ich mich ins Stroh und schlafe.

Ich habe weder geträumt, noch wurde mein märchenhafter Schlaf sonstwie gestört, so daß ich am anderen Morgen verhältnismäßig frisch gegen neun Uhr aufwache. Vorerst erinnert mich nur mein schmerzendes blaues Auge an das, was gestern so bös geschehen ist. Aber gleich bin ich heilfroh, tatsächlich noch mit ‚einem blauen Auge‘ davongekommen zu sein!"*

In einem Viehwaggon, der mit stinkendem Kot, statt mit Stroh „ausgepolstert" ist, wird Hauptmann Mölders zusammen mit anderen gefangenen Offizieren nach Südfrankreich verfrachtet. Die scheußliche Reise dauert fünf Tage, dann treffen sie in Toulouse ein, in dessen Nähe sich das Offiziersgefangenenlager Monferran befindet. — In Mölders' Bericht heißt es:

„Der ganze Betrieb ist nach deutschem Muster aufgezogen. 75 Prozent aller gefangenen Offiziere sind Flieger. Als Ordonnanzen fungieren zehn deutsche Soldaten unter der Aufsicht des prächtigen Feldwebels Hierl. — Der französische Komandant ist ein ausgesuchter Kavalier, der während

---

* Zitat aus: „Mölders und seine Männer", herausgegeben von Oberstleutnant Fritz von Forell, Steirische Verlagsanstalt Graz, 1941.

des Weltkrieges zwei Jahre in deutscher Gefangenschaft war und uns dieselbe gute Behandlung zukommen lassen will, die er bei uns gehabt hat."

Nachdem vorrückende deutsche Truppen Monferran erreicht haben, werden Mölders und einige andere Kameraden von einer Sondermaschine nach Karinhall/Schorfheide bei Berlin geflogen und vom damaligen Generalfeldmarschall Hermann Göring empfangen.

*

Nach dem Waffenstillstand mit Frankreich verlebt Mölders einige Erholungstage bei seiner Mutter in Brandenburg.

Am 19. Juli 1940 wird er vorzugsweise zum Major befördert und am 27. Juli zum Kommodore des Jagdgeschwaders 51 ernannt, das an der Kanalfront liegt. Dort leitet General Osterkamp als Jagdfliegerführer seit einem Monat den Jagdkampf gegen England.

Schon der erste Einsatz des neuen Geschwaderkommodore, am 28. Juli, wäre beinahe sein letzter gewesen: Mit seinem Rottenflieger, Oberleutnant Kirchheiß, trifft er nördlich Dover auf eine tiefer fliegende Kette Spitfires. Hinter ihr tauchen weitere Feindjäger auf. Mölders gelingt es, eine Spitfire in Brand zu schießen. Aber dann stürzen sich acht bis zehn Spitfire auf die deutsche Jagdfliegerrotte und Mölders' Me wird der Kühler und Brennstoffbehälter zerschossen. Ihm bleibt nichts anderes übrig, als mit 700 Sachen in Richtung Kanal wegzudrücken. Alle Engländer stürzen hinter ihm her, um seiner Maschine den Todesstoß zu versetzen. Mölders hat wieder einmal Glück: Nach einiger Zeit drehen die „Tommies" ab, und sein Motor hält bis zur französischen Küste durch, erst dann beginnt er zu stottern. Mölders gelingt eine glatte Bauchlandung. Die Untersuchung im Lazarett ergibt drei Splitter im Oberschenkel, einen im Kniegelenk und einen im linken Fuß. Bis auf den Splitter im Knie können alle Splitter ohne Komplikationen entfernt werden. Elf Tage bleibt Major Mölders im Lazarett.

Seit dem 8. August finden täglich über dem Ärmelkanal und über der englischen Süd- und Ostküste schwerste Luftkämpfe statt, die auf beiden Seiten zu starken Verlusten führen.

Bei klarer Sicht liegt die englische Küste fast greifbar nahe. Nur vierunddreißig Kilometer Wasser liegen zwischen Calais und „drüben". Und wieviel Tragödien spielen sich dazwischen ab! Wieviel deutsche und britische Flugzeugführer finden im Kanal ihr nasses Grab! Die „Luftschlacht über England" wird zur härtesten Bewährungsprobe für die deutsche Luftwaffe und zu einem blutigen Aderlaß.

*

An der nordfranzösischen Küste liegt in einem Gefechtsstand ein Soldat hinter seinem Scherenfernrohr. Die Sicht ist klar an diesem Sonntag morgen des 11. August 1940. Am Fernrohr verfolgt der Beobachter die Luftkämpfe. Er entdeckt eine Bristol-Blenheim, die von einer Me 109 angegriffen wird. Wenige Augenblicke später stürzt die englische Maschine mit schwarzer Rauchfahne ins Meer. Kurz darauf: Ein deutsches Seenotflugzeug, mit weißem Anstrich und weithin sichtbarem Roten Kreuz, umkreist die Absturzstelle, um nach Überlebenden zu suchen und sie zu bergen. Plötzlich tauchen einige Spitfire auf, stürzen sich auf das Rettungsflugzeug, wollen es abschießen. Da sind auch schon Messerschmitt-Jäger heran, schießen zwei von den „Killer-Typen" ab, die übrigen verdrücken sich zur englischen Küste. Mit einem schwerverwundeten Bordmechaniker und dreißig Treffern in Rumpf und Tragflächen kann das Seenotflugzeug gerade noch die französische Küste erreichen. Ein deutsches Flugzeug, das Engländer retten wollte ...

Derartige Kriegsverbrechen geschehen über dem Ärmelkanal mehr als einmal. Nur hat nicht jede Seenotmaschine das Glück, wieder zurückzukehren ...

Nach dem Kriege wird bekannt (aber von der deutschen „Umerziehungspresse" totgeschwiegen), daß auf ausdrückliche Anweisung von Winston Churchill, dem späteren „Karlspreisträger" der Stadt Aachen, der Befehl an die britischen Jäger gegeben worden war, *jedes* deutsche Seenotflugzeug anzugreifen und abzuschießen.*

*

In diesem Zusammenhang ist der Hinweis aufschlußreich, der im Anhang des Buches „Das waren die deutschen Jagdflieger-Asse 1939—1945"** veröffentlicht wurde: „Ein Beispiel für Mölders' ritterliche, soldatische Haltung ist seine Reaktion auf einen von ihm beobachteten

---

* U. a. nachzulesen beim englischen Zeitgeschichtler Bishop, „Luftschlacht um England", J. F. Lehmanns Verlag, München.
** Motorbuch-Verlag, Stuttgart, auf Seite 413, Nr. 17.

Angriff des Gruppenkommandeurs der I./JG 51, Joppien, auf einen Eisenbahnzug während der Luftschlacht um England. Mölders war empört, ließ Joppien zu sich kommen und klärte ihn in erregten Worten über den Unterschied zwischen militärischen und zivilen Zielen auf."

Außerordentlich „unaufgeklärt" müssen demnach die britischen und amerikanischen Jagdflieger gewesen sein, die in Einzelfällen u. a. deutsche Flugzeugführer am Fallschirm erschossen und in Deutschland fortlaufend mörderische Jagd auf zivile Eisenbahnzüge, Autos, pflügende Bauern und sogar auf einzelne Radfahrer gemacht haben . . . Von den viermotorigen „Wohnblockknackern" ganz zu schweigen . . .

Wie streng die Bräuche bei der Deutschen Luftwaffe waren, das erfuhr nicht nur — wie eben erwähnt — Gruppenkommandeur Joppien im Jahre 1940 an der Kanalküste. Er gehörte übrigens zu den besten Jagdfliegern, errang 70 Luftsiege, davon 42 im Westen, erhielt das Eichenlaub und fiel am 25. 8. 1941 bei Brjansk (Rußland). — Andere Flugzeugführer haben ähnliches erlebt, auch der Schreiber dieser Zeilen, der im Spätsommer 1944 an der Kurlandfront nach einem Feindflug von seinem Gruppenkommandeur mit lautstarker Empörung „zur Minna gemacht" wurde: „Was haben Sie sich dabei gedacht? Ihre Bombe hätte die Kirche treffen können! Wir sind keine alliierten Terrorflieger, merken Sie sich das — verstanden!?" — Welches „Verbrechen" hatte ich begangen? Ich hatte im Sturzangriff meine 250-Kilo-Bombe zwischen vier russische T-34-Panzer und zwei Lastkraftwagen gesetzt, die in der Nähe einer kleinen Kirche dicht beieinander unter Bäumen in Deckung standen. Die Kirche wurde nicht getroffen; vielleicht haben Bombensplitter sie beschädigt und sind die Fenster zu Bruch gegangen.

*

Mitte August 1940 wird Major Mölders das Flugzeugführerabzeichen in Gold mit Brillanten verliehen. Am 21. September schießt er zwei Spitfire ab und erreicht damit als erster Jagdflieger den 40. Luftsieg.

Aus dem Führerhauptquartier trifft an der Kanalfront beim JG 51 ein an Major Mölders gerichtetes Fernschreiben ein: „In dankbarer Würdigung Ihres heldenhaften Einsatzes im Kampf für die Zukunft unseres Volkes verleihe ich Ihnen zu Ihrem vierzigsten Luftsieg als zweitem Offizier der Deutschen Wehrmacht das Eichenlaub zum Ritterkreuz des Eisernen Kreuzes. gez. Adolf Hitler."

In Rundfunk und Presse heißt es am 23. September: „Der Führer und

Oberste Befehlshaber der Wehrmacht hat heute dem erfolgreichsten Jagdflieger der Luftwaffe, Major Mölders, das ihm aus Anlaß seines vierzigsten Luftsieges verliehene Eichenlaub zum Ritterkreuz des Eisernen Kreuzes in der Reichskanzlei persönlich überreicht."

Und der Wehrmachtbericht meldet am 23. September 1940: „Das Jagdgeschwader des Major Mölders hat bisher über fünfhundert Luftsiege errungen." Mit diesem großartigen Erfolg liegt es jetzt an der Spitze aller Jagdgeschwader.

Drei Tage nach Mölders erhält Major *Galland*, Kommodore des Jagdgeschwaders 26 „Schlageter", nach seinem 40. Luftsieg als dritter Soldat der Deutschen Wehrmacht das Eichenlaub zum Ritterkreuz des Eisernen Kreuzes.

*

Am 22. Oktober schießt Major Mölders seinen 50. Gegner im Westen ab, drei Tage darauf folgt wegen hervorragender Tapferkeit vor dem Feinde seine Beförderung zum Oberstleutnant.

Schon in den ersten Novembertagen kann sein JG 51 den 600. Luftsieg melden. Nicht enthalten in dieser Erfolgszahl sind die 46 Feindmaschinen, die bei Tiefangriffen auf englischen Flugplätzen vernichtet wurden. Mitgezählt sind darin auch nicht 27 abgeschossene Sperr- und Fesselballone.

Es kommt der 11. November, der „schwärzeste Tag meines Lebens", wie Mölders sagte. Einige Wochen hat er mit einer schweren Grippe „am Kopfkissen lauschen" müssen, während sein Geschwader meist schwierige Begleitschutzeinsätze für Kampfverbände flog. Er konnte nicht dabeisein, konnte seine Männer nicht gegen den Feind führen, hielt sich für den unglücklichsten Menschen der Welt!

Endlich, an diesem 11. November stimmt der Arzt zu, daß er zum ersten Mal das Krankenbett verläßt. Wenn er wegen des Flugverbots schon nicht mitfliegen darf, will er wenigstens im Gefechtsstand am Funkgerät mithören. Wieder ist das Geschwader bei denkbar ungünstiger Wetterlage gestartet, um für einen Stuka-Verband (Sturzkampfflugzeuge vom Typ Ju 87) Begleitschutz zu fliegen, der Ziele in der Themsemündung angreift. Aus dem Funksprechverkehr entnimmt der Geschwaderkommodore, daß sein Verband in Luftkämpfe verwickelt ist. Aufgeregt klingen ab und zu die Stimmen einiger seiner Kameraden durch den Äther. Plötzlich meldet einer Treffer in der eigenen Maschine.

Mölders hält es nicht mehr im Funkraum aus, er läuft nach draußen, stellt sich ans Rollfeld und starrt nervös in den grauverhangenen Himmel. Ob sie alle zurückkommen werden? „Vati" Mölders macht sich Sorgen.

Er wartet und wartet. Die Minuten schleichen und scheinen für ihn zu Stunden zu werden. Da tauchen endlich die ersten Maschinen am Platzrand auf. Eine drückt wackelnd das Rollfeld an. Es ist die Me von Oberleutnant Eberle, der nach der Landung seinem Kommodore den Abschuß einer Spitfire meldet und dann aufgeregt berichtet, daß Oberleutnant Claus nach mehreren Treffern wegen Kühlstoffverlustes in der Themsemündung aufs Wasser runter mußte.

Mit Oberleutnant Claus, dem neuen Staffelführer der 1., den Mölders bei den ersten Feindflügen als Lehrmeister „unter die Fittiche genommen" hatte, verbindet ihn ein besonders enges kameradschaftliches Verhältnis.

Mölders läuft zum Gefechtsstand und gibt über Telefon an die Seenotrettungsstaffel den Befehl, sofort zur Themsemündung zu starten. Als die wegen des noch schlechter gewordenen Wetters im Augenblick einen Start ablehnen, weil das nicht zu verantworten sei, befiehlt er, seine eigene Maschine sofort startklar zu machen. Oberleutnant Claus ist nicht nur sein guter alter Kamerad, sondern auch einer seiner besten Flugzeugführer. Vielleicht kann er ihn in der Themsemündung finden? Mölders kann einfach nicht hier untätig herumhocken, während in diesem Augenblick sein Kamerad hilflos in der Themsemündung schwimmt und vielleicht von der Strömung abgetrieben, später nie mehr aufzufinden sein wird.

Zusammen mit Oberleutnant Eberle startet Mölders — zum ersten Mal nach dreiwöchiger schwerer Grippe. Die Sicht ist schlecht. Im Tiefstflug geht's hinüber zur englischen Küste, um das Kap Margale herum und hinein in die Themsemündung. Er sucht zusammen mit seinem Rottenkameraden die Wasseroberfläche ab. Immer wieder, wenn er einen dunklen Punkt im Wasser anfliegt, stellt sich heraus, daß es eine Boje, ein treibendes Wrackstück oder der Rest eines versenkten Frachters auf diesem großen britischen „Schiffsfriedhof" ist. Bis zur letzten Heimflugmöglichkeit — der „Sprit" geht zu Ende — versucht er, seinen Kameraden im Wasser zu entdecken. Vergeblich! Schweren Herzens dreht er ab und geht mit Eberle auf Heimatkurs.

Der Verlust dieses guten Kameraden, mit dem ihm eine auf zahlreichen Feindflügen gewachsene enge Rottenkameradschaft verband, geht Mölders sehr nahe.

*

Am 10. Februar schießt Geschwaderkommodore Mölders seinen 56. Gegner ab und am 26. folgt der 60.. Während des Balkanfeldzuges erringen Teile des Geschwaders unter südlicher Sonne zahlreiche Erfolge. Mölders selbst bleibt an der Kanalfront, wo er am 16. April Nr. 64 und 65 abschießt und bis Anfang Mai seinen 68. Luftsieg erringt.

Als am 22. Juni der Titanenkampf des deutschen Ostheeres gegen die mächtige und kriegsbereite Sowjetunion beginnt (aus historischen Quellen wissen wir heute, daß es zweifellos ein Präventivkrieg war), ist Mölders' JG 51 dabei. Es kann bereits in den ersten acht Tagen 80 Abschüsse in der Erfolgsliste verbuchen, womit sich die Gesamtzahl auf 750 bestätigte Luftsiege erhöht.

Nach seinem 82. Luftsieg erhält Mölders am 22. Juni als zweiter Soldat die Schwerter zum Eichenlaub des Ritterkreuzes. Sie wurden einen Tag zuvor an Oberstleutnant Galland an der Kanalfront als erstem Soldaten der Wehrmacht verliehen.

Der Führer überreicht Mölders am 3. Juli in seinem Hauptquartier die hohe Auszeichnung. Zu dieser Zeit ist der 28jährige Oberstleutnant Mölders der erfolgreichste deutsche Jagdflieger.

Über alle deutschen Reichssender läßt am 16. Juli 1941 das OKW (Oberkommando der Wehrmacht) aus dem Führerhauptquartier folgende Rundfunksondermeldung bekanntgeben:

„Bei den Kämpfen an der Ostfront schoß Oberstleutnant Mölders, Kommodore eines Jagdgeschwaders, gestern fünf Sowjetflugzeuge ab. Er hat damit in diesem Krieg insgesamt 101 Abschüsse erzielt und einschließlich seiner 14 Abschüsse im Spanienfeldzug insgesamt 115 Luftsiege errungen. Der Führer und Oberste Befehlshaber der Wehrmacht hat diesem heldenhaften Vorbild der Luftwaffe und erfolgreichsten Jagdflieger der Welt als erstem Offizier der deutschen Wehrmacht die höchste deutsche Tapferkeitsauszeichnung, das Eichenlaub mit Schwertern und Brillanten zum Ritterkreuz des Eisernen Kreuzes verliehen. Der Führer und Oberste Befehlshaber der Wehrmacht hat folgendes Handschreiben an Oberstleutnant Mölders gerichtet:

,Nehmen Sie zu Ihren heutigen neuen Luftsiegen meine aufrichtigen Glückwünsche entgegen. Sie haben mit diesen Erfolgen im großdeutschen

Freiheitskampf 101 Gegner in der Luft abgeschossen und sind einschließlich Ihrer Erfolge im spanischen Bürgerkrieg 115mal Sieger im Luftkampf gewesen.

In Würdigung Ihres immerwährenden heldenmütigen Einsatzes im Kampf um die Freiheit unseres Volkes und in Anerkennung Ihrer hohen Verdienste als Jagdflieger verleihe ich Ihnen als erstem Offizier der deutschen Wehrmacht die höchste deutsche Tapferkeitsauszeichnung, das Eichenlaub mit Schwertern und Brillanten zum Ritterkreuz des Eisernen Kreuzes.

Mit meinem und des ganzen deutschen Volkes Dank verbinde ich die besten Wünsche für Ihre Zukunft.   Adolf Hitler'.“

Am 17. Juli traf vom Oberbefehlshaber der Luftwaffe, Reichsmarschall Hermann Göring, folgendes Telegramm ein:

„Lieber Mölders! Ihnen, meinem kühnsten und siegreichsten Jagdflieger, herzliche Glückwünsche zu der höchsten Tapferkeitsauszeichnung. Ich bin unendlich stolz auf Sie, und ich beglückwünsche auch Ihr herrliches Jagdgeschwader, das in allen Luftkämpfen unter Ihrer Führung Hervorragendes leistet. Möge Ihnen, lieber Mölders, das Soldatenglück auch weiterhin treu sein.“

Am 20. Juli 1941 zum Oberst befördert, wird Mölders am 24. vom Führer und Obersten Befehlshaber im Führerhauptquartier empfangen. In Gegenwart des Oberbefehlshabers der Luftwaffe, Reichsmarschall Göring, überreicht ihm Adolf Hitler die damals höchste deutsche Tapferkeitsauszeichnung.

*

Oberst Mölders wurde am 7. August zum General der Jagdflieger (Dienststellung) ernannt und vom Reichsmarschall mit einem Feindflugverbot belegt (woran er sich nicht immer hielt; so soll er im Südabschnitt noch eine ganze Reihe „schwarzer“ Luftsiege erzielt haben).

Seine außergewöhnlichen taktischen und organisatorischen Fähigkeiten setzte diese große Führerpersönlichkeit der Jagdfliegerei nun im größeren Rahmen an der Ostfront ein. Darüber heißt es im Buch „Das waren die deutschen Jagdflieger-Asse 1939—1945“ auf den Seiten 76/77:

„Er befehligte eine aus Stukas, Jägern und Jagdbombern bestehende Schlachtgruppe, als Ernst Udet Selbstmord beging. Zu dieser Zeit versuchten die Deutschen, nach Süden zur Krim vorzustoßen. Die Kämpfe waren sowohl am Boden als auch in der Luft außergewöhnlich schwer.

Major (heute Generalleutnant) *Günther Rall,* der dritte Mann an der Spitze Deutschlands und der Welt mit 275 Abschüssen, erinnert sich an diese Zeit: ,Jeden Morgen flog Mölders mit einem Fieseler Storch die Front ab. Er hatte sein eigenes Funksprechgerät. Er landete, nahm in einem Schützenloch Deckung und sprach von dort aus mit seinen Flugzeugführern in der Luft. Er wurde so zum vorgeschobenen Fliegereinsatzoffizier und zum Bahnbrecher dieser Methode, mit der er uns genau auf gegnerische Positionen einwies und ansetzte.

Am Abend flog er zurück und hielt eine Kommandeursbesprechung ab. Er besprach die Einsätze dieses Tages und sagte uns, was wir richtig gemacht hatten und wies uns auf die von uns begangenen Fehler hin.'"

Am 18. November 1941 trifft in Mölders Gefechtsstand die fernschriftliche, vom Personalamt des Reichsluftfahrtministeriums unterzeichnete Nachricht vom Tode Udets ein. Gleichzeitig wird Oberst Mölders befohlen, mit einer Maschine der Kampfgruppe Cherson — Abflug 22. November — zum Staatsbegräbnis von Ernst Udet nach Berlin zu kommen. Er soll zusammen mit anderen Jagdflieger-Assen die Ehrenwache halten.

Die Nachricht vom Tode des Generalluftzeugmeisters der Luftwaffe, Generaloberst Ernst Udet (Pour-le-mérite-Träger und mit 62 Luftsiegen nach Manfred Freiherr von Richthofen [80 Abschüsse] zweitbester Jagdflieger im Ersten Weltkrieg), trifft Mölders schwer. Er sieht den immer fröhlichen Udet vor sich und erinnert sich an seinen letzten Besuch bei ihm in Berlin. Zwischen beiden Jagdfliegern bestand eine Kameradschaft, wie sie zwischen Männern entsteht, die sich menschlich und durch ihre Passionen — der Jägerei in der Luft und im Jagdrevier auf der Erde — miteinander verbunden fühlten.

Am 22. November 1941 startet Oberst Mölders, mit 28 Jahren schon General der Jagdflieger, in Begleitung seines Ordonnanzoffiziers mit einer He 111 (zweimotoriger Heinkel-Mittelstreckenbomber) bei schlechtem Wetter vom Flugplatz Tschaplinka/Krim (Ostfront) zum Flug nach Berlin. Die Maschine wurde vor dem Start genau überprüft, die beiden Motoren sind vorschriftsmäßig „abgebremst" worden. Die He 111 wird von Oberleutnant Kolbe geflogen, einem sehr zuverlässigen, im Blindflug erfahrenen Piloten, der schon in Spanien dabei war.

Das Wetter verschlechtert sich immer mehr, die Sicht wird noch bescheidener, ein stark böiger Wind rüttelt an den Tragflächen, deren Enden jetzt in dichte, graue Nebelwatte eingetaucht sind. Oberleutnant Kolbe setzt sein ganzes fliegerisches Können ein, um die Maschine auf

Kurs zu halten. Die Motoren laufen regelmäßig und ruhig. Die Instrumente zeigen an, daß Öldruck und Öltemperatur stimmen. Aber je weiter die He 111 hoch über der russischen Erde nach Nordwesten zieht, desto dicker wird die „Nebelsuppe". Es ist ein Flug durch die „Waschküche", wie die Flieger sagen.

Der Bordfunker hat gerade das Funkfeuer von Lemberg herangeholt, da wird die Sicht ein klein wenig besser. Im Einverständnis mit Oberst Mölders landet Oberleutnant Kolbe in Lemberg. Er will sich genau über die neue Wetterlage informieren, die sie auf dem Weiterflug nach Berlin erwartet. Inzwischen wird die Maschine nachgetankt und in der Werft im Beisein des Bordmechanikers genau überprüft. Alles in Ordnung — nur die Wetterlage nicht! Der „Wetterfrosch" hat vor einer großen Schlechtwetterfront gewarnt, die zwischen Lemberg und Berlin liegt. Oberleutnant Kolbe, der für einen sicheren Flug mit seinem hohen Fluggast verantwortlich ist, bittet Oberst Mölders, den Flug hier für einige Zeit zu unterbrechen und eine etwas bessere Wetterlage abzuwarten. Aber Mölders winkt ab: er will pünktlich am 24. in Berlin sein und ist gegen jede Verzögerung des Startes.

Die Motoren sind überprüft, werden vom Flugzeugführer noch einmal „abgebremst" (im Stand auf volle Leistung gebracht), dann startet die He 111 zum Weiterflug nach Berlin. Schon am Flugplatzrand wird sie vom Nebel verschluckt.

Die Maschine hat noch nicht die deutsche Reichsgrenze überflogen, da beginnt ein Motor in der Leistung nachzulassen, der Öldruck sinkt, der Motor fängt schließlich zu rütteln an. Alle Versuche des Bordmechanikers, eine Fehlerquelle zu finden — soweit das in der Luft möglich ist — scheitern. Der Bordfunker hat bereits mit dem Flugplatz Breslau-Gandau Funkverbindung und meldet die Landung an. Plötzlich bleibt der Motor ganz weg. Alle verzweifelten Bemühungen, ihn wieder in Gang und wenigstens auf halbe Leistung zu bringen, sind vergeblich. Im Einmotorenflug tastet sich Oberleutnant Kolbe mit seiner motorlahmen Maschine durch eine dicke „Waschküche" an den Flughafen Gandau heran.

Was ist das? Dunkle Schatten huschen unter der Bomberkanzel hinweg. Die Anflughöhe ist viel zu niedrig! Kolbe schiebt den Leistungshebel ganz rein, will den einen Motor auf volle Touren bringen, um mehr Fahrt und Höhe zu gewinnen. Plötzlich beginnt auch dieser letzte Motor zu stottern, setzt aus, kommt wieder und bleibt kurz darauf ganz weg.

Was nun geschieht, geht rasend schnell: Vor der Maschine taucht im Nebel, in Nähe einer Fabrik, plötzlich ein dickes Drahtseil auf. Kolbe reißt die He 111 im letzten Augenblick haarscharf darüber hinweg. Aber das Schicksal schlägt trotzdem zu! Das Flugzeug hat zu wenig „Fahrt", „schmiert ab" und schlägt krachend auf.

Oberst Mölders, Oberleutnant Kolbe und der Bordmechaniker sind auf der Stelle tot. Ordonnanzoffizier und Funker werden von der Rettungsmannschaft des nahegelegenen Flugplatzes Breslau-Gandau noch lebend aus den Trümmern geborgen. Aufgrund ihrer Aussagen können Ursachen und Hergang des Flugzeugabsturzes einwandfrei festgestellt werden.

Die zweifelsfreie Rekonstruktion des tragischen Flugunglücks hält aber den britischen Propagandalügner, Mr. Sefton Delmer, in England nicht davon ab, über den sogenannten „Soldatensender Calais" übelste Greuelmärchen zu verbreiten; danach ist Oberst Mölders, das Jagdfliegeridol der Deutschen, als angeblicher „Widerstandskämpfer" auf „höheren Befehl" durch einen absichtlich herbeigeführten Flugzeugabsturz „zum Schweigen" gebracht worden. 1945, kurz nach Kriegsende, werden die Feindpropagandisten dann eine „neue Platte" auflegen: Plötzlich sind Mölders und Prien, der erfolgreiche U-Boot-Kapitän, „im KZ umgekommen". Der Zweck dieser Schocknachrichten liegt klar auf der Hand: Die Deutschen sollen reif zur „Umerziehung" („Re-education") gemacht werden. — Und sogar noch heutzutage geben sich manche Meinungsmacher die Mühe, das Jagdfliegeridol des Dritten Reiches zum „Beinahe-Widerstandskämpfer" zu befördern, weil ein „Hundertprozentiger" denn doch zu offensichtlich unglaubwürdig wäre . . .

*

Was an Oberst Werner Mölders sterblich war, wird auf dem Invalidenfriedhof der Reichshauptstadt Berlin, nahe der letzten Ruhestätten des „Roten Kampffliegers" Manfred Freiherrn von Richthofen und seines Kameraden Generaloberst Ernst Udet, zu Grabe getragen. Die Erinnerung aber an diesen vorbildlichen Offizier, den tapferen und erfolgreichen Jagdflieger, wird im deutschen Volk weiterleben.

Auf über 300 Feindflügen gelang es dem Vorbild der Jagdflieger und der Jugend, 115 Luftsiege zu erringen, davon 14 in Spanien, 68 an der West- und 33 an der Ostfront. Nach seinem Tode wurde seinem

JG 51 das Traditions-Ärmelband „Jagdgeschwader Mölders" verliehen. Und die Bundesmarine ehrte ihn am 3. April 1968 beim Stapellauf eines Lenkwaffenzerstörers in den USA damit, daß sie ihrem modernen Kriegsschiff den Namen „Mölders" gab.

Vom Feinde unbesiegt, starb er mit 28 Jahren am 22. November 1941 den Fliegertod — nahe Breslau, der Hauptstadt des deutschen Schlesien, das zwar von einigen westdeutschen Politikern mit einem Federstrich abgeschrieben, nicht aber aus dem Herzen Deutschlands wegradiert werden kann . . .

Hans-Joachim Marseille — der „Stern von Afrika"

Oberleutnant *Hans-Arnold Stahlschmidt* aus Kreuztal im Sieger-land/Westfalen, mit über 400 Feindflügen in Nordafrika einer der her-vorragendsten Jagdflieger (Ritterkreuz, 59 Luftsiege gegen westliche Gegner, seit 7. 9. 1942 nach einem Luftkampf bei El Alamein vermißt, nachträgliche Verleihung des Eichenlaubes), war eng mit „Jochen" Marseille befreundet. Er schrieb in einem Feldpostbrief nach Hause: „Marseille kann schießen wie ein junger Gott! Er kann vor allem, was nur wenige können: Sicher und wunderbar in der Kurve schießen. Unsereiner schießt dann dauernd vorbei."

Das Flieger-As Generalleutnant a. D. und ehemaliger General der Jagdflieger *Adolf Galland* (Ritterkreuz mit Eichenlaub, Schwertern und Brillanten, 104 Luftsiege gegen westliche Gegner) nennt Marseille den „unerreichten Virtuosen unter den Jagdfliegern", und der General-leutnant der neuen Luftwaffe, *Günther Rall* (mit 275 Luftsiegen an dritter Stelle aller Jagdflieger des Zweiten Weltkrieges, Ritterkreuz mit Eichenlaub und Schwertern), berichtet über die Auswertung der Abschußerfolge im Stab Gallands: „Wir stellten fest, daß Marseille im Durchschnitt nur 15 Schuß für einen Luftsieg benötigte. Das ist gerade-zu ungeheuerlich. Kein anderer Flieger erreichte ihn in dieser Hinsicht auch nur annähernd. Marseille war der Idealtyp: ein ausgezeichneter Pilot und ein hervorragender Schütze. Ich glaube, er war der beste Schütze in der Luftwaffe." [*]

Hans-Joachim Marseille, dessen Jagdflieger-Stern kometengleich vom April 1941 an über dem nordafrikanischen Kriegsschauplatz auf-gehen sollte und der mit der berühmten „gelben 14" (Kennzeichen am

---

[*] Zitat aus: „Das waren die deutschen Jagdflieger-Asse 1939—1945", Seite 119, Motorbuch-Verlag, Stuttgart 1.

Rumpf seiner Me 109) wie ein tödlicher Blitz zwischen die Gegner fährt — gleichgültig, wieviel es sind — wird am 13. Dezember 1919 in Berlin-Charlottenburg als Sohn eines Heeresoffiziers geboren. Nach dem Abitur meldet er sich 1938 als Offiziersbewerber bei der Luftwaffe, besteht die Annahmeprüfung, durchläuft als Fahnenjunker, Fahnenjunker-Gefreiter, Fahnenjunker-Unteroffizier und Fähnrich die übliche Ausbildung auf einer Luftkriegsschule und kommt als Fähnrich am 1. November 1939 zur Jagdfliegerausbildung nach Wien-Schwechat. Zur gleichen Zeit befindet sich ein Jagdschüler namens *Walter Nowotny* hier, der einmal als „Tiger vom Wolchowstroj" in Großdeutschland und bei den kriegführenden Staaten in aller Welt zu legendärem Ruhm als seinerzeit erfolgreichster Jagdflieger der Welt kommen wird.

Am 6. September 1940 erfolgt Marseilles Versetzung zur I. Gruppe des (Jagd-)Lehrgeschwaders 2 nach Frankreich, wo er seinen Vorgesetzten zunächst nur durch seine „Kapriolen" als jungenhafter, lebenslustiger und manchmal auch „disziplinwidrig" lässiger Fähnrich — mit einer magnetischen Anziehungskraft auf alle weiblichen Wesen — auffällt. Zusammen mit der I./LG 2 kommt er zum Einsatz an die Kanalküste. Bei dieser Einheit und einige Zeit später bei der 4. Staffel des JG 52 (Staffelkapitän war *Johannes Steinhoff*, bis Kriegsende 176 Luftsiege, Träger des Ritterkreuzes mit Eichenlaub und Schwertern, nach dem Kriege als hervorragender Inspekteur der Luftwaffe weltweit bekanntgeworden), kann Fähnrich Marseille seine ersten sieben Luftsiege — Spitfire-Abschüsse — verbuchen, wird aber selber viermal abgeschossen; kein besonders günstiges Erfolgsverhältnis also.

Erst in Afrika, wo der legendäre „Wüstenfuchs" *Erwin Rommel* das Afrikakorps und die italienischen Verbündeten gegen einen kräftemäßig überlegenen Gegner zu unvorstellbaren Erfolgen führt, wird der „Jagdflieger-Knoten" des jungen Marseille platzen. An der Kanalfront deutet noch nichts darauf hin, daß er schon bald das deutsche Volk mit seinen großen Luftsiegen begeistern und die Flieger der „anderen Feldpostnummer" schockieren und zu „fluchenden Bewunderern" machen wird.

Im September 1940 bekommt Marseille das Eiserne Kreuz I. Klasse. Zu Jahresanfang 1941 zur I./JG 27 nach Döberitz bei Berlin versetzt, verlegt er als Oberfähnrich zusammen mit dieser Gruppe im April 1941 nach Nordafrika, wo er im Juni zum Leutnant befördert wird.

„Marseille scheint für die Wüste geboren zu sein", heißt es in der ausgezeichneten Dokumentation über das „Jagdgeschwader 27"*, „unermüdlich arbeitet er an seiner jagdfliegerischen Vervolkommmnung. Schließlich kommt der Zeitpunkt, da er Waffe und Maschine so perfekt beherrscht, daß ihm damit alles gelingt." — „Wenn etwas für ihn typisch ist, dann ist es die souveräne Bewegung im Gekurbel der Luftkämpfe. Er sieht alles, auch jede noch so winzige Möglichkeit, die er dann zum Schuß ausnutzt."

Der „Virtuose" unter den Könnern in Nordafrika erfaßt — heute würde man „computerhaft" sagen — in Sekundenschnelle trotz der dreidimensionalen Bewegungslage seiner und der Maschine des Gegners im Kurvenkampf jenen kurzen Augenblick im voraus, in welchem die ballistischen Geschoßkurven mit dem schnellbeweglichen Ziel zusammentreffen werden. Mit richtigem „Vorhalt" aufs Knöpfchen zu drükken, das ist die hohe Kunst, die Marseille in größter Meisterschaft beherrscht.

Wenn der Vergleich auch etwas hinken mag, aber im Kurvenkampf mit starr eingebauten Bordwaffen eines Jagdflugzeuges den Gegner zu treffen, das ist so schwer, als wollte man mit einem verkanteten Gewehr aus einem fahrenden Kettenkarussell mit einer Kugel einen schräg in die Luft geworfenen Tennisball treffen . . .

Sobald Marseille diesen „Kurvenkampfbogen" meistert, reiht er Sieg an Sieg. Nach 50 Luftsiegen wird ihm am 22. Februar 1942 das Ritterkreuz verliehen. Nach 75 Abschüssen erhält er als Oberleutnant am 6. Juni das Eichenlaub als 97. Soldat der Wehrmacht. Zwei Tage später wird er Staffelkapitän der 3./JG 27. Sein Jagdflieger-Stern erstrahlt von Tag zu Tag immer heller. Am 17. Juni schießt er sechs Gegner in nur sieben Minuten (!) ab und erreicht damit als elfter Jagdflieger der Luftwaffe den 100. und 101. Luftsieg. Einen Tag später wird ihm als zwölftem Soldaten der Wehrmacht das Ritterkreuz mit Eichenlaub und Schwertern verliehen.

Und dann kommt jener Tag, an dem Oberleutnant Marseille in drei Einsätzen siebzehn (!) englische Jäger abschießt, davon acht innerhalb zehn Minuten. Es ist der 1. September 1942, der schwärzeste Tag für die britische Luftwaffe in Afrika: Ein einziger Deutscher läßt siebzehn hochwertige Jagdmaschinen der RAF zu dunklen Rauchpilzen in der Sandwüste Afrikas werden.

---

* Von Hans Ring und Werner Girbig, Motorbuch-Verlag, Stuttgart 1.

Über den glanzvollsten Höhepunkt des „Sterns von Afrika" verfaßte Oberleutnant Fritz Dettmann einen packend geschriebenen PK-Bericht*, in dem es unter anderem heißt:

Ein Mann schlägt eine Schlacht
Der größte Tag des Hauptmanns Marseille

„Vor uns liegt ein Aktenstück. Es ist die stumme Aussage über die größte Leistung, die im bisherigen Verlauf des Krieges ein Jagdflieger vollbrachte. Das Aktenstück spricht, sachlich wie Akten sind, vom Einsatz einer Staffel am 1. September 1942, dem Tage, da der zweiundzwanzigjährige Hauptmann Hans-Joachim Marseille bei drei Starts siebzehn britische und amerikanische Gegner, ausschließlich Jagdmaschinen, vernichtete. Wir blättern und spüren schon nach wenigen Minuten, wie stark das stumme Wort doch wirken kann. Da schlug ja ein einziger Mann eine Schlacht, da war ja ein Soldat am Himmel über El Alamein, der wie ein beflügelter Kriegsgott in die Schwärme seiner Gegner brach.

Als Hauptmann Marseille, damals noch Oberleutnant, an diesem 1. September 07.30 Uhr zum Liegeplatz hinausfuhr, deutete nichts darauf hin, daß dies ein besonderer Tag zu werden versprach. Marseille war energiegeladen, die ganzen letzten Tage schon, das Wetter so klar wie immer über dem sommerlichen Nordafrika. Schon am Morgen brannte die Sonne fast unangenehm warm, und vom Meer wehte nur eine leichte Brise. Die Staffel hatte den Befehl, für einen Stukaeinsatz mit Ziel südlich Imayid Begleitschutz zu geben. Um 07.30 Uhr hatte die Staffel unweit vom Platz Anschluß an den Stukaverband genommen. Mit Ostkurs flogen die Maschinen in das klarblaue Gewölbe des Kampfraumes ein.

Sie waren, nahe dem Ziel, auf 3500 Meter geklettert, als der Chef durch Funkspruch die Annäherung feindlicher Jagdkräfte meldete. Er zählte zehn Maschinen, winzige Punkte, die eilends näher kamen. Als sie bis auf wenige Kilometer heran waren, setzten die Stukas zum Angriff an. Marseille zog in einer kurzen Rechtskurve hoch. Dann hörten

---

* Im Band 1942 der vom Oberkommando der Wehrmacht herausgegebenen Buchreihe über die Ereignisse der einzelnen Kriegsjahre zu Beginn des Jahres 1943 im Verlag Die Wehrmacht, Berlin-Charlottenburg, veröffentlicht.

Oberst Mölders

Mölders hatte Fliegerglück:
Vier Treffer gingen im Luftkampf
durch die Kabine seiner „Me 109"
dicht an seinem Kopf vorbei. Rechts
im Kabinenglas zwei der Einschüsse

Hans-Joachim Marseille in seiner
„Me 109" nach Rückkehr von einem
siegreichen Feindflug

Marseille bei einer von ihm
abgeschossenen „Hurricane"
in Nordafrika. Dem britischen
Flugzeugführer gelang noch eine
Bauchlandung auf deutschem
Gebiet

die anderen: ‚Ich greife an!‘ Drei Atemzüge darauf sah sein Rottenflieger, wie der Staffelkapitän aus einer Linkskurve sich hinter die letzte der plötzlich abdrehenden Curtiss' setzte und aus hundert Meter Entfernung schoß. Von einer jäh zupackenden Faust aus der rasenden Fahrt gerissen, kippte das feindliche Flugzeug über die linke Fläche ab und stürzte fast senkrecht wie ein Stein mit Aufschlagbrand zu Boden. Der Pilot hatte sich nicht retten können. Der Rottenflieger, Oblt. Schlang, blickte, als unten der Rauchpilz aufstieg, auf die Uhr. Es war 08.20 Uhr. Dann verglich er den Kartenausschnitt: 18 Kilometer SSO El Imayid.

Er brauchte den Chef nicht lange zu suchen. Marseille hatte unmittelbar nach dem ersten Angriff aus der Linkskurve von der abgeschossenen Curtiss auf die nächste übergewechselt. Da, zwei Kilometer weiter östlich, fiel eine Maschine, einen schwarzen Flor hinter sich lassend, aus dem Himmel. Es war 08.30 Uhr. Die Flammen des zweiten Aufschlagbrandes schlugen nur wenige hundert Meter entfernt von der vor wenigen Minuten vernichteten Maschine auf. Auch diesmal haben die Schüsse genau in der Kabine gesessen.

Die Bomben der Stukas sind gefallen. Die Kameraden haben schon auf Heimatkurs abgedreht und fliegen in etwa 100 Meter Höhe zurück. Die Staffel, inzwischen gesammelt, drückt in steiler Fahrt nach unten. Es war höchste Zeit: Eine Curtiss hatte unbemerkt nach Norden abgedreht und versuchte eben, im Tiefflug an die deutschen Sturzkampfflieger heranzukommen. Um 08.33 Uhr, als eben der Gegner zum Angriff ansetzen wollte, war der Hauptmann dran. Aus einer scharfen Linkskurve kam sein Feuerstoß millimetergenau ins Ziel. Nur hundert Meter tiefer flammte die Wüstenlandschaft auf, plötzlich durchzuckt von einem Blitz, vom Feuer, das Mann und Maschine fraß. Das war 1 km SO Imayid.

Eben wollte die Staffel auf Westkurs abgehen, da kam der Ruf: Spitfire. Die anderen Besatzungen waren schon vorn bei den Stukas, Marseille mit seinem Rottenflieger allein, als die sechs Gegner, geschlossen wie eine Phalanx, von hinten oben auf den Staffelkapitän losstürmten. Marseille kannte seinen Augenblick, er hatte die Nerven, auf den richtigen Bruchteil einer Sekunde zu warten. Den Kopf nach hinten links geneigt, hatte er die Maschine im Auge, die jetzt von den anderen abgesetzt, fast auf Schußentfernung heran war. Er sah deutlich die Mündungen der Kanonen und MGs auf sich gerichtet, und er wußte: Solange ich direkt in die Mündungen sehe, kann mir nichts passieren.

Ja, wenn er mehr vorhielte! Jetzt zuckten die Flammen aus den Mündungen, und die feinen, seidigen Fasern der Rauchspuren durchzogen die Luft. Bis auf 150 Meter war der Engländer, ständig schießend, herangekommen. Da plötzlich riß Marseille sein Flugzeug in einer scharfen Linkskurve herum, so daß die Spitfires mit mächtiger, überschüssiger Fahrt unter dem Hauptmann und seinem Rottenkameraden wegscherten. Das war der Moment, den Spieß umzudrehen und den großen Kurvenradius auszunutzen, den die Briten fliegen mußten, um erneut in Angriffsposition zu kommen. Marseilles Rechnung stimmte. Er kurvte nach rechts, war gleich darauf achtzig Meter an den letzten Engländer heran, schoß und traf. Senkrecht und eine Fahne schwarzen Rauches flatternd hinter sich herziehend, fiel der Gegner zu Boden. Auch diesmal konnte die Hand des Besiegten das Kabinendach nicht mehr zum rettenden Absprung lösen. Es war 08.39 Uhr, als 20 km Ost-Süd-Ost El Imayid die Reste einer zertrümmerten Spitfire ausbrannten.

Um 09.14 Uhr landete die Staffel Marseille. Die Bord- und Waffenwarte kamen heran und gratulierten dem Chef. Ohne Aufregung wohlgemerkt, denn es war nichts Besonderes, daß Marseille bei einem Einsatz vier Gegner abschoß. Der Waffenwart wechselte die Gurte aus, die Bordwarte arbeiteten schon am Motor, und der Elektriker überprüfte die Leitungen. Der Waffenwart stellte beim Gurten fest, daß der Chef für jeden Abschuß im Durchschnitt 20 Schuß Kanone und 60 Schuß MG verbraucht hatte. Auch das war nichts Besonderes. Es entsprach dem normalen, erstaunlich geringen Durchschnitt, den der Kapitän immer aufwies.

Alam el Halfa ist weder eine Stadt noch eine Siedlung. Es ist ein Punkt in der Wüste, dreißig bis vierzig Kilometer südöstlich der Küste, mit einem Brunnen vielleicht und ein paar vom Winde zernagten Eingeborenenhütten. Hier sollte Marseille knapp zwei Stunden später seinen größten Triumph erleben. Seine Staffel war abermals angesetzt, einem Stukaverband zum Angriff in diesem Raum Schutz zu geben. Um 10.20 Uhr war der Chef mit nur einer Kette gestartet. Kurz vor dem Angriffsziel der Stukas, nur acht bis zehn Kilometer südlich seines Standortes, sah Marseille plötzlich zwei britische Bomberverbände mit je fünfzehn bis achtzehn Flugzeugen und zwei großen Pulks von je 25 bis 30 Jägern als Begleitschutz. Der Staffelkapitän war nicht der Mann, den die überlegene Zahl des Gegners jemals beeindruckt hätte. Mein Gott, wenn er hier angefangen hätte zu addieren: 30 Kampfflugzeuge, 50 Jäger. Doch solche Bilder kannte er schon aus den ersten Tagen in Afrika, und sie waren seitdem selten abgerissen. Nicht die Menge entscheidet schließlich, sondern der Bessere.

Marseille wartete einige Sekunden ab. Dann sah er, was er sehen wollte: Eine Staffel des britischen Jagdschutzes mit acht Curtiss P 46 verließ den Bomberverband, um die Stukas anzugreifen. Auf halbem Wege war Marseille mit seinen beiden Kameraden heran. Die Briten hatten gesehen, was kommen sollte. Sie kurvten plötzlich und formierten sich zum Abwehrkreis. Dieses taktische Mittel reichte wohl im Normalfall, nicht aber gegen Marseille. Die Fahrt angeglichen, saß er plötzlich mitten im Karussell des Gegners und schoß auf 50 Meter aus einer scharfen Linkskurve heraus eine Curtiss ab. Eine halbe Minute später fiel fast aus der gleichen Angriffsbewegung heraus der zweite Gegner. Jäh waren drüben bei denen die Nieten gesprengt, die so lange den Abwehrkreis gehalten hatten. Der Staffelführer hatte die Nerven verloren. In mehrere Rotten löste sich der Rest auf und zog nach Nordwesten drückend davon. Zwei Minuten später war Marseille wieder auf 100 Meter heran. Der dritte fiel. Die übrigen fünf drehten nach Osten ab, jetzt wieder eng aufgeschlossen. Im Zickzack jagte Marseille seine Gegner durch den Raum. Als sie abermals Kurs Nordwesten nahmen, um aus 3500 Meter herüber zum Meer zu drücken, waren es nur noch vier. Zwei Minuten später, um 11.01 Uhr, ging der fünfte in die Tiefe. Unter Kanonenvolltreffern platzte die britische Maschine zu Fetzen zerrissen in der Luft auseinander. Der sechst fiel um 11.02 Uhr, als der Staffelkapitän aus einer hochgezogenen Linkskurve einem seiner Rottenkameraden den Gegner wegschoß, der dem Deutschen schon im Nacken saß.

Währenddessen hatte das Gefecht die Kämpfenden wieder nach Osten getragen. Marseilles Rotte war geschlossen beisammen und ging auf Höhe, als unter ihr weitere Curtiss mit Ostkurs auftauchten. Der Gegner hatte die Deutschen nicht bemerkt. Im Geradeausflug stieß Marseille wie ein Pfeil von rechts hinten heran. Die beschossene Curtiss explodierte im Rumpf. Jetzt führte der Kapitän seine Rotte auf Nordkurs, um dann zum Platz zurückzufliegen. Da zog wenige hundert Meter unter ihnen eine Curtiss mit weißer Rauchfahne nach Osten davon. Marseille griff sofort an, schoß aus achtzig Metern und sah, wie die Einzelteile vom Rumpf und Leitwerk sich lösten. Trudelnd ging der Rumpf nach unten, und im Vorbeiziehen konnte der Sieger erkennen, daß der Pilot tot in seinem Sitz zusammengesunken war.

Acht Gegner waren unter seinen Schüssen gefallen. Marseille hatte innerhalb von zehn Minuten eine ganze Staffel im Luftkampf besiegt. Erst die nebeneinander gestellten Abschußzeiten geben ein wirklich deutliches Bild von dieser übermächtigen Leistung: 10.55, 10.56, 10.59, 11.01, 11.02, 11.03 und 11.05 Uhr. [Die ersten zwei Gegner hatte er in einer einzigen Minute abgeschossen!]

Eine halbe Stunde darauf erschien Marseille im Geschwader-Gefechtsstand. Feldmarschall Kesselring war gekommen. Marseille meldete seine Staffel mit zwölf Abschüssen vom Einsatz zurück.

‚Und wieviel davon haben Sie?‘ fragte der Feldmarschall.

‚Zwölf, Herr Feldmarschall!‘

Der Generalfeldmarschall drückte dem Offizier die Hand, nahm einen Stuhl und setzte sich wortlos.

Der Tag war jetzt heiß und drückend. Jeder andere hätte es genug sein lassen. Gewiß auch Marseille an einem anderen Tag. Aber heute fühlte er, daß seine Energien noch längst nicht erschöpft waren, er fühlte noch Kraft genug in sich, weiterzukämpfen. Er wartete drüben im Bunker seiner Staffel auf den nächsten Einsatz. Doch beim Start um 13.58 Uhr mußte er zurückbleiben, weil ein Reifen platzte.

Erst gegen 17 Uhr startete Marseille mit seiner Staffel zum dritten Einsatz. Wieder handelte es sich um Begleitschutz für einen Kampfverband, Ju 88 diesmal, nach Imayid. Was sich jetzt abspielte, glich den Vorgängen in den Morgenstunden. Ein Pulk von 15 Curtiss P 46 versuchte, die im Sturz auf ihr Ziel befindlichen Ju 88 anzugreifen. Marseille fuhr mit seiner Staffel dazwischen und sprengte den Verband. Sechs Minuten dauerten die nun folgenden Luftkämpfe, wobei der Hauptmann zwischen 1500 und 100 Metern fünf Gegner abschoß. Die ersten vier fielen in Abständen von genau je einer Minute zwischen 17.45 und 17.50 Uhr, der fünfte um 17.53 Uhr. Die Abschußorte lagen sieben Kilometer S, acht Kilometer SO, sechs Kilometer SO, neun Kilometer SSO und sieben Kilometer SSW von Imayid.

Mit also insgesamt 17 Abschüssen an einem Tage (im Wehrmachtbericht wurden 16 genannt, weil ein Abschuß erst zwölf Stunden später durch Zeugenaussage bestätigt wurde) hatte Hauptmann Marseille eine Leistung vollbracht, die einen Vergleich nicht mehr finden läßt. Eine Leistung von einer eindeutigen Größe, ein großer, strahlender Sieg auch deshalb, weil seine Staffel diesen kampfreichen Tag ohne Verluste beendet hatte.“

*

Weiter stürmt die ruhmreiche „Gelbe 14" von Sieg zu Sieg durch den Himmel Nordafrikas. Schon am 2. September, einen Tag nach seinem größten Erfolg, schießt Marseille fünf Gegner ab, am 3. sind es sogar sechs. Am Abend dieses erfolgreichen Kampftages flattern fast die Zeltwände in der Unterkunft der 3. Staffel vor Begeisterungstrubel: Marseilles Männer, Flugzeugführer und Bodenpersonal, feiern zusammen mit ihrem geliebten Chef die „Brillanten". Die Nachricht von der Verleihung des Ritterkreuzes mit Eichenlaub, Schwertern und Brillanten nach dem 126. Luftsieg an Marseille als vierten Soldaten der Wehrmacht ist im Laufe des Tages durch Funkspruch aus dem Führerhauptquartier eingetroffen. Persönlich vom Führer und Obersten Befehlshaber der Wehrmacht überreicht erhielt er sie nie: sein tragischer Fliegertod verhinderte das.

Auch die italienischen Verbündeten würdigen Marseilles große Erfolge: sie zeichnen ihn mit dem höchsten Tapferkeitsorden Italiens aus, der Goldenen Tapferkeitsmedaille, die im Zweiten Weltkrieg nur zwei deutsche Soldaten erhielten: der Berliner Hans-Joachim Marseille und der aus dem Gut Friedrichshof bei Falkenburg (Pommern) stammende spätere Major *Joachim Müncheberg*. Müncheberg war seit dem 1. Oktober 1942 Kommodore des ruhmreichen JG 77 „Herz-As" in Nordafrika, mit 135 Luftsiegen, davon 33 in Rußland, einer der erfolgreichsten Jagdflieger, erhielt das Ritterkreuz mit Eichenlaub und Schwertern als 19. Soldat und ist beim 500. Feindflug im Luftkampf durch Abmontieren der Tragflächen in Tunesien am 23. März 1943 tödlich abgestürzt. Der legendäre „Wüstenfuchs", Generalfeldmarschall *Erwin Rommel*, mußte sich seltsamerweise mit der Silberausführung der italienischen Tapferkeitsmedaille „begnügen".*

*

Bis zu seinem Fliegertod, den Marseille unbesiegt vom Feinde finden wird, vergeht kaum ein Tag, an dem er nicht mit seiner siegreichen „Gelben 14" mehrmals wackelnd vom Feindflug zurückkehrt. Und am 15. September schießt er sogar sieben Gegner in nur elf Minuten ab! Als dritter Jagdflieger erzielt er damit 150 Luftsiege. Einen Tag darauf wird er zum Hauptmann befördert, mit gut 22 Jahren zum jüngsten Hauptmann der Großdeutschen Wehrmacht.

---

* Quelle: „Das waren die deutschen Jagdflieger-Asse 1939—1945", Motorbuch-Verlag, Stuttgart.

Am 26. September 1942 erzielt er schon wieder sieben Luftsiege, diesmal sind es sechs Spitfire und eine Curtiss, die seinen unfehlbaren Bordwaffen nicht entkommen. 158 Luftsiege über westliche Gegner sind es nun, die der junge Hauptmann errungen hat. Da holt vier Tage später ein tragischer, tödlicher Schicksalsschlag den strahlenden „Stern von Afrika" aus dem blauen Himmel über der flimmernden Wüste, deren heißer Sand so oft die rauchenden Zeichen seiner großen Siege aufnahm. Hauptmann Hans-Joachim Marseille fällt, vom Feinde unbesiegt, am 30. September 1942.

Über dieses tragische Ende des jungen Jagdflieger-Asses, dessen Tod das gesamte deutsche Volk und vor allem seine Kameraden vom JG 27 erschüttert, berichten die bekannten Jagdfliegerchronisten Hans Ring und Werner Girbig* unter anderem: „Vom Geschwadergefechtsstand aus leitet Kommodore Neumann die Staffel Marseilles über Funksprech an einen britischen Jagdverband heran, der südlich Imayid mit Westkurs fliegt. Als sich die Messerschmitt nähern, verschwindet der Gegner nach Norden, so daß es zu keinem Luftkampf mehr kommt.

11.30 Uhr. Aus den knackenden Störgeräuschen im Äther dringt plötzlich eine klare Stimme: ‚Motor brennt!'

Auf dem Gefechtsstand fragt man zurück: ‚Wessen Motor brennt? Was ist los?'

‚Von Elbe 1: Habe starke Rauchentwicklung in der Kabine. Ich kann nichts mehr sehen.'

Elbe 1? Um Himmels willen, das ist ja Marseille! Ein Blick auf die Karte. Noch fünf Minuten bis zu den eigenen Linien, vielleicht noch 40 Kilometer.

In 3000 Meter Höhe fliegt die 3. Staffel unterdessen eng geschlossen, und alle Augen starren auf die ‚Gelbe 14'. Schlang und Pöttgen sind nur wenige Meter neben Marseille. Sie erkennen deutlich sein schneeweiß wirkendes Gesicht hinter der glitzernden Kanzel. Jetzt reißt er mit der linken Hand die Entlüftungsscheibe zurück. Weißer Qualm strömt heraus.

‚Sind wir schon über den eigenen Linien? Ich kann nichts mehr sehen.'

‚Noch zwei Minuten, Jochen!' kommt die ruhige Antwort von Pöttgen. Man gibt ihm Anweisungen. ‚Elbe 1, mehr rechts halten!' Und von

---

* In ihrer ausgezeichneten Dokumentation „Jagdgeschwader 27", Motorbuch-Verlag, Stuttgart 1.

unten fragende Stimmen: ‚Werden Sie es schaffen, Elbe 1? Steigen Sie lieber aus!'

An Marseilles Maschine zeigt sich jetzt eine vom Motorvorbau ausgehende weißliche Rauchfahne. Sie wird stärker. Jedoch keine Flammen. Das Flugzeug verliert ständig an Höhe.

11.35 Uhr. Die weiße Moschee von Sidi Abd El Rahman mit ihrem Halbmond auf der Kuppel liegt unter ihnen. Die deutschen Linien. Marseille schafft es! Aus den Stellungen heraus verfolgen die Soldaten den Jägerschwarm mit den Ferngläsern. Jetzt sehen sie auch, wie kleine Flämmchen aus dem Motor der rauchenden Messerschmitt herauszüngeln.

Kommodore Neumann sieht die Männer im Gefechtsstand erleichtert an. ‚Jetzt sind sie über El Alamein.' Nun kann nicht mehr viel passieren, denken sie. Höchstens eine Bauchlandung.

Eine Minute später ruft Marseille mit gepreßter Stimme: ‚Ich muß raus. Ich halte es nicht mehr aus!' Dann ein anderer: ‚Er legt die Maschine aufs Kreuz!'

‚Der Jochen ist raus!' Das ist Pöttgen.

Die Sekunden vergehen. Unruhig warten die Männer im Gefechtsstand. Lauschen. Jetzt eine brüchige Stimme im Äther:

‚Er ist tot!'

Ringsum verbreitet sich lähmendes Entsetzen. Totenblaß legt Edu Neumann die Kopfhörer weg. Blickt in die aufgerissenen Augenpaare der anderen. Er nickt stumm und geht hinaus.

Später erfahren sie, was sich da oben abgespielt hat. Als die Messerschmitt die deutschen Linien überfliegen, wirft Marseille das Kabinendach ab und legt seine Maschine in einer halben Rolle auf den Rücken. Sie scheint leicht zu schwimmen, geht sofort in einen steilen Gleitflug über. Etwa 200 Meter stürzt sie, dann springt Marseille ab. Sein Fallschirm öffnet sich nicht. Fast waagerecht fällt der Körper hinab und schlägt bäuchlings auf. Entsetzt und ungläubig zugleich verfolgen die Kameraden diesen Vorgang. Mehrmals umkreisen sie die Unglücksstelle . . . Stabsarzt Dr. Winkelmann und Hauptmann Franziket holen den toten Marseille aus der Wüste. Sie stellen fest, daß der Auslösegriff des Fallschirmes nicht betätigt wurde. Quer über die linke Brustkorbhälfte verläuft eine scharfe Schlagwunde. Sie kann nicht vom Aufschlag auf den Boden herstammen.

Beim Absprung schlug Marseille gegen das Leitwerk seiner Maschine. Er muß sofort besinnungslos gewesen sein. Die Bf 109 war bereits aus der Rückenlage in den Sturzflug übergegangen, eine Fluglage, die Marseille durch die Sichtbehinderung infolge der Qualmentwicklung nicht erkannt hatte. Sicher hätte er sie sonst leicht ausgleichen können.

Schreiber Neumann nimmt die letzten Eintragungen im Flugbuch des gefallenen Staffelkapitäns vor: ‚388 Feindflüge mit 158 Abschüssen. Laufende Nummer des Fluges: 482. Flugdauer 49 Minuten.' In der Spalte ‚Zeit und Landung' macht er ein einfaches Kreuz."

*

Eine Untersuchungskommission, welche die Flugzeugtrümmer, vor allem aber den Motor genau untersuchte, stellte fest, daß am Untersetzungsgetriebe aus dem gerissenen Gehäuse Schmierstoff ausgetreten war und sich entzündet hatte, nachdem einige Getriebezahnräder gebrochen waren. Der Untersuchungsbericht schließt mit der Feststellung, daß Sabotage oder ein sonstiges Verschulden von Personen nicht vorlag. Es war eine werksneue Maschine vom Typ Bf 109 G—2 (Me 109), Lizenzbau Erla, die kurz bevor sie Marseille zum ersten Mal im Einsatz flog, aus Bari (Italien) überführt worden war. Ehe die neue Me 109 einsatzklar gemeldet wurde, hatte das technische Personal Zelle und Motor — wie üblich — gründlichst überprüft und keinerlei Mängel festgestellt.

*

An der Stelle in der Wüste, wo sieben Kilometer südlich der Moschee von Sidi Abd El Rahman am 30. September 1942 um 11.36 Uhr Hauptmann Hans-Joachim Marseille zwei Monate vor seinem 23. Geburtstag für sein Vaterland den Fliegertod fand, wurde eine Steinpyramide errichtet. Seine 3. Staffel gab mit ihren Messerschmitt-Maschinen ihrem gefallenen Kameraden das Ehrengeleit, als er in einer Ju 52 vom Feldflugplatz Quotaifiya seinen letzten Flug nach Derna antrat. Dort wurde er mit militärischen Ehren beigesetzt.

Mit vorbildlichem Einsatzgeist und aus ganzem Herzen hat sich der blutjunge, blonde Jagdfliegeroffizier aus Berlin im fernen Afrika im letzten großen Schicksalskampf des Deutschen Reiches für sein Vaterland eingesetzt und sein Leben hingegeben. Sein Tatenruhm wird weiterleben und alle Zeiten überdauern — auch die unsrige ...

Walter Nowotny — der „Jägerblitz vom Wolchow"

„Als ich um 6 Uhr früh als Begleitschutz mit den Kampffliegern in großer Höhe in den Himmel ziehe, kommen uns sechs Sowjets, die unsere Kampfflugzeuge angehen wollen, entgegen. Nun, da habe ich vier ‚belehrt' und runtergeholt.

Dann sah ich unten noch weitere fünf herumkrebsen. Von denen holte ich mir erst zwei — natürlich immer wütend von den anderen beschossen. Als ich den siebenten herunterholen wollte, bekam ich Ladehemmung an meinen Kanonen. Teufel, dachte ich, das muß nun ausgerechnet 180 Kilometer hinter der Front passieren. Aber ich wollte den siebenten eben haben, und so setzte ich hinter ihm her, um ihm aus nächster Entfernung mit meinen MGs den Fangschuß zu geben. Ja, und wie das so ist, als er endlich vor meinen MGs zerplatzte, bin ich auch schon im Weichbild von W. — mitten drin in der besten 2-cm-Flak. Da bin ich eben in die Straßen der Stadt hinunter, in fünf Meter Höhe über die Menschen in den Straßen, über Flakstellungen und Häuser gesprungen und schließlich hinaus auf einen Sumpf geflogen, bis ich wieder auf Höhe gehen konnte. Und dann, beim zweiten Einsatz dieses Tages, sah ich nur fünf Sowjetjäger am Himmel. Als sie merkten, daß es gefährlich wurde, spielten sie Versteck in den Kumuluswolken. Aber ich wartete immer, bis einer aus einer Wolke herauskam. Das passierte dreimal, und so machte ich meine ‚Zehn' an diesem Tage voll."

Als wäre es die einfachste, ungefährlichste und selbstverständlichste Sache der Welt gewesen, allein an einem Tage im Luftkampf zehn Feindjäger abzuschießen, so nüchtern, knapp und undramatisch schilderte Oberleutnant Walter Nowotny seinen großen Erfolg vom 1. September 1943 einem Kriegsberichter. Mit dieser ungewöhnlichen Abschußserie hatte der damals erst 22½ Jahre alte Ritterkreuzträger und Kommandeur der I. Gruppe im berühmten „Grünherz"-Jagdgeschwader 54 seinen 183. Luftsieg erkämpft. Am 5. September erhielt er nach seinem 191. Luftsieg das Eichenlaub und nur fünfzehn Tage darauf, am 20. September, schoß er bereits seinen 218. Gegner ab, überrundete damit alle deutschen Jagdflieger-Asse und war somit der erfolgreichste Jagdflieger der Welt! Zwei Tage später wurde ihm vom Führer und Obersten Befehlshaber der Wehrmacht, Adolf Hitler, das Ritterkreuz mit Eichenlaub und Schwertern als 37. Soldaten der Großdeutschen Wehrmacht verliehen. In nur drei Septemberwochen waren von Nowotny 45 Gegner im Luftkampf besiegt worden, hatte er also eine ganze „Armada" sowjetischer Flugzeuge vom Himmel geholt.

Wer war dieser blutjunge Jagdflieger, den das deutsche Volk bewunderte, dem die „Landser" in den sumpfigen Schützenlöchern des Wolchow-Brückenkopfes den Ehrennamen „Tiger vom Wolchowstroj" gegeben hatten?

Walter Nowotny erblickte am 7. Dezember 1920 in Gmünd, im niederösterreichischen sogenannten „Waldviertel", als jüngster von drei Söhnen eines Bahnbeamten das Licht einer Welt, welcher in den Friedensdiktaten von Versailles und St. Germain weisgemacht worden war, Deutschland habe die Alleinschuld am Ausbruch des Weltkrieges gehabt und der „Frieden müsse sicherer gemacht werden" durch die gewaltsame Abtrennung großer Teile reichsdeutschen Gebietes, vor allem im Osten. Diese Welt, in die der kleine Walter gerade hineingeboren worden war, hatte gesehen, daß Siegermacht vor Recht geht, und das deutschösterreichische Volk hatte spüren müssen, daß das Wort eines amerikanischen Präsidenten nichts gilt, wenn es um das Selbstbestimmungsrecht der Deutschen geht. Fortan trennten diktierte neue Grenzen Deutsche von Deutschen und überantworteten sie in Polen und in dem künstlich geschaffenen Vielvölkerstaat, dem man die Bezeichnung „Tschechoslowakei" gab, der Willkür fremdstaatlichen Machthungers.

Der Geburtsort Walter Nowotnys, die Stadt Gmünd, war ebenfalls durch den Willen der Sieger geteilt worden. Die neue Staatsgrenze führte nun mitten durch seine deutschösterreichische Heimatstadt, und die Familie Nowotny wohnte plötzlich im „tschechischen" Stadtteil.

Vater Nowotny lehnte es als deutschbewußter Österreicher ab, in einem fremden Staat zu leben und seine Kinder dort aufwachsen zu lassen. Er entschied sich für Österreich und zog mit seiner Familie über die Willkürgrenze in den anderen Stadtteil. 1925 wurde er als Stationsvorstand zur Franz-Josef-Bahn nach Schwarzenau versetzt. Dort besuchte Walter Nowotny von 1926 bis 1930 die Volksschule. Da er musikalisch sehr begabt war (wie übrigens auch sein Vater und seine Brüder

Rudolf und Hubert) und eine herrliche Stimme hatte, schickten ihn seine Eltern zunächst ins Internat des Zisterzienserstiftes nach Zwettel, wo er als Sängerknabe die Schulbank drückte. Später besuchte er dann die Oberrealschule in Waidhofen an der Thaya und ab 1935 die Staatliche Oberschule in Laa.

Die drei Nowotnybuben verlebten an der wildromantischen Thaya und auf vielen Wanderungen und Fahrten während der Ferien eine unbeschwerte, herrliche Jugendzeit. Von seinen älteren Brüdern unter die „Wandervogelfittiche" genommen, lernte Walter das wirtschaftlich arme, aber an Naturschönheiten so reiche „Waldviertel" kennen und lieben. Der „Jüngste" begriff schnell, daß man trotz Müdigkeit und steiler Wege zum Ziel kommt, wenn man den Willen dazu hat. Die herrliche Aussicht von den Höhen in die Täler, das romantische abendliche Lagerfeuer mit Gesang und Klampfenspiel ließen den kleinen Walter jedesmal schnell vergessen, daß Schweißtropfen und wundgelaufene Füße der Preis für so schöne Erlebnisse sind.

Weil er sich nicht nur in der Schule, sondern auch fast in jeder freien Stunde mit großer Begeisterung sportlich betätigte, gab es für den 16-jährigen kein Halten, als 1936 die olympischen Sommerspiele die Jugend der Welt in die Reichshauptstadt Berlin riefen. Mit seinem Fahrrad, ohne Reisepaß und Visum und mit ganzen 70 Schillingen in der Tasche, schlich er sich über die österreichisch-tschechische Grenze, strampelte mit seinem „Drahtesel" durch die Tschechoslowakei, überwand ebenfalls „schwarz" die grüne Grenze zum Reich und sah sich die Olympischen Spiele in Berlin an. Nach etwa zwei Wochen kam er auf dem gleichen Wege, müde, etwas mager geworden, aber hell begeistert von dem großen Erlebnis auf dem Reichssportfeld in Berlin und in der Dietrich-Eckart-Freilichtbühne zurück. Seinen ahnungslosen Eltern, die ihn auf einer Radwanderung durch Österreich glaubten, hatte er aus Berlin eine Ansichtskarte geschrieben.

Jetzt trainierte Walter noch härter und wurde bald im Bundesland Niederösterreich durch seine Leistungen zu einem bekannten Leichtathleten. (Hier zeigt sich eine interessante Ähnlichkeit auch in sportlicher Hinsicht zwischen Walter Nowotny und Hans-Ulrich Rudel, der zu den erfolgreichsten Zehnkämpfern Schlesiens zählte und wahrscheinlich zur deutschen Olympiamannschaft des Jahres 1940 gehört hätte, wäre es nicht zum Kriege gekommen.)

Die Siegermächte hatten 1919 den Wunsch des österreichischen Parlamentes und Volkes auf einen Anschluß an das Deutsche Reich nicht beachtet. Das vom US-Präsidenten Wilson versprochene Selbstbestimmungsrecht galt plötzlich nicht für die Deutschen. Nun, fast 20 Jahre später, wurde die Sehnsucht der Deutschen, in einem Staat zu leben, erfüllt. Am 12. März 1938 marschierten um 6 Uhr früh reichsdeutsche Truppen unter Befehl des Generals von Bock über die österreichische Grenze. Die Deutsche Wehrmacht kam nur schlecht voran, sie hatte einen großen Widerstand zu überwinden, der ihren Vormarsch außerordentlich verlangsamte: die Begeisterung der Deutschösterreicher, die zu vielen Tausenden die Straßen füllten und die Soldaten aus dem Reich mit Blumen überschütteten.

Der alte deutsche Traum von der Vereinigung Österreichs und Deutschlands war in Erfüllung gegangen. Wie fast von allen Österreichern, so wurde dies auch von der Familie Nowotny freudig begrüßt. Für Walter Nowotny bedeutete der Anschluß, daß er nach dem Abitur ein halbes Jahr zum Reichsarbeitsdienst mußte, zum RAD, wie es damals hieß. Walter lebte sich schnell in die kameradschaftliche Gemeinschaft ein und war mit großer Einsatzfreude dabei, als sein RAD-Zug bei Entwässerungsarbeiten an der Taya eingesetzt wurde.

Noch als Oberschüler — am 26. Januar 1939 — hatte er sich als Offiziersbewerber freiwillig zur Luftwaffe gemeldet und am 22. Mai 1939 das Reifezeugnis erhalten, aus dem hervorging, daß ein guter Sportler nicht in jedem Fall ein schlechter Schüler sein muß: Deutsch, Latein, Physik waren mit „gut", Mathematik mit „genügend", Naturgeschichte, Geographie, Philosophischer Einführungsunterricht und natürlich Leibesübungen mit „sehr gut" beurteilt worden.

Am 1. Oktober, einen Monat nach Ausbruch des Polenkrieges, fuhr Nowotny, wie damals üblich, mit dem Rekruten-„Persil-Koffer" nach Breslau-Schöngarten, wo nach der Grundausbildung auf der Luftkriegsschule neben der Offiziersausbildung als Fahnenjunker die Schulung zum Flugzeugführer begann. Nach gut bestandener Abschlußprüfung wollte Nowotny Stukaflieger werden. Er freute sich bereits auf die Sturzkampfflieger-Ausbildung im schönen Graz-Thalerhof (Steiermark), da kam seine Versetzung zur Jagdfliegerschule Wien-Schwechat, wo Fähnrich Nowotny ab 1. Juli 1940 in die hohe Kunst der „Jägerei" eingewiesen wurde. Am 15. November kam Oberfähnrich Nowotny zur 1./Ergänzungs-Jagdfliegergruppe nach Merseburg. Hier erhielt er seine frontreife Abschlußschulung; gleichzeitig flog er mit seinen Kameraden Objektschutz für die kriegswichtigen Leuna-Werke, allerdings ohne Feindberührung.

Nowotny und seine Kameraden fiebern dem ersten Einsatz entgegen, aber es ist längst noch nicht soweit: Am 1. 12. 1940 kommt er zur Einsatzstaffel des JG 54, das als „Grünherz"-Geschwader unter seinem Kommodore Hannes Trautloft (Ritterkreuz am 27. 7. 1941) schon bald große Erfolge erringen sollte. Endlich ist Nowotnys Wunsch erfüllt: er ist (ab 23. 2. 1941) bei einem aktiven Frontverband, bei der 9. Staffel der III./JG 54. Als Leutnant Nowotny (die Beförderung erfolgte am 1. 4. 1941) über dem Nordabschnitt der Ostfront ab 10. Juli die ersten Einsätze fliegt, kann keiner der erfahrenen Jagdflieger, die den Anfänger, wie das üblich ist, unter ihre „Fittiche" nehmen, auch nur im geringsten ahnen, daß dieser junge Flugzeugführer schon bald als „Tiger vom Wolchowstroj" bei Freund und Feind zu legendärem, höchsten Ruhm kommen würde.

Seine erste große Bewährungsprobe besteht Nowotny am 19. Juli 1941 mit seiner Me 109 (später flog er die FW 190). Er erzielt die ersten drei Luftsiege über der Insel Ösel, beinahe wären es seine letzten gewesen ...

Die „Grünherz"-Jäger der 9./JG 54 fliegen seit einigen Tagen vom Feldflugplatz Windau in Lettland ihre Einsätze. Das Seitenruder an Nowotnys Messerschmitt ist noch immer leer: Kein „Abschußstrich" — kein Luftsieg! Als am Nachmittag des 19. Juli der 20jährige Leutnant mit seinem Rottenkameraden zum Feindflug startet, denkt er: „Ob es heute endlich klappen wird?" Ihr Auftrag lautet „Freie Jagd über Ösel!"

Die estnische Insel — etwa 60 bis 70 Kilometer vor der Küste liegend — ist von den Russen besetzt. Sie benutzen Ösel als „Flugzeugträger" und Marinestützpunkt.

In rund 5000 Meter Höhe nehmen die zwei Me 109 Kurs auf die Insel. Rottenführer Nowotny und sein „Kaczmarek" (Fliegerbezeichnung für Rottenführer Nummer 2) fliegen nebeneinander im Gefechtsabstand von etwa 100 bis 150 Metern. Sie beobachten sehr aufmerksam den Luftraum, um vor unangenehmen Überraschungen sicher zu sein. Unter ihnen glänzt die Bucht von Riga wie ein silbernes Tablett. Kurze Zeit später überfliegen die schlanken, schnittigen Me's die Südspitze der Insel, auf der ein Leuchtturm steht. Bald ist auch die Stadt Arensburg zu erkennen. In ihrer Nähe liegt der Flugplatz der sowjetischen Jäger. „Holzauge sei wachsam!" denken die beiden deutschen Jagdflieger. Aber kein Feind zeigt sich am Himmel über Arensburg.

Plötzlich entdeckt Nowotny auf dem Flugplatz zehn startende Jagdmaschinen, die nach dem Abheben sammeln und sich höherschrauben. Vielleicht hat der Kommandeur von der roten „Feldpostnummer" angenommen, die zwei einzelnen „Fritze" (russische Bezeichnung für deutsche Soldaten) würden das Weite suchen, wenn er gleich zehn seiner Jäger im Alarmstart nach oben schickt?

Aber Nowotny und sein Rottenflieger tun ihm nicht den Gefallen: sie kreisen über dem Flugplatz und warten. Die beiden Flugzeugführer beherrscht jene Spannung, wie sie ähnlich auch bei Jägern auftritt, die vom Hochsitz am Waldrand näherziehendes Wild beobachten. Aber hier ist es mehr als nur Jagdfieber: Die zwei „Grünherz"-Jäger in ihren Messerschmitt-Maschinen wissen, daß es nur noch wenige Augenblicke sind, bis sie sich mit einem gefährlichen, zahlenmäßig überlegenen Gegner im Luftkampf messen werden — in einem Kampf, bei dem Sekunden über Leben und Tod entscheiden. Im Luftkampf nur einen einzigen Augenblick falsch zu reagieren, ist meist der allerletzte Augenblick im Leben eines Jagdfliegers.

Längst haben die zwei deutschen Jäger ihre Reflexvisiere eingeschaltet, die nun vor ihnen auf der schrägen Kabinenscheibe leuchten. Die Bordwaffen sind schußbereit, und im FT herrscht Stille. Es gibt auch nichts über Funksprech zu sagen. Beide wissen um was es geht!

Jetzt hält Leutnant Nowotny den richtigen Zeitpunkt für den Angriff gekommen. Fester schließt sich seine Hand um den Steuerknüppel, Zeigefinger und Daumen liegen auf den Auslöseknöpfen der Bordkanonen und MGs. Dann stürzt er sich mit seinem Rottenkameraden auf den Gegner, der diesen Angriff längst erwartet hat.

Es beginnt eine anstrengende, wilde Kurbelei: Zwei gegen Zehn! Die „Grünherz"-Jäger haben den Angriffsvorteil der Überhöhung genutzt. Sie sind zwischen den Feindverband gestoßen, der sich auflöst. Von allen Seiten versuchen nun die zehn Sowjetjäger die beiden Me's vom Himmel über ihrer Insel zu holen. In der Absicht, die zwei tollkühnen „Fritze" unbedingt abzuschießen, behindern sie sich manchmal gegenseitig. Plötzlich hat Nowotny einen seiner Gegner ausgekurvt: mit dem richtigen Vorhalt drückt er auf die Knöpfe. Die Leuchtspur seiner Bordwaffen frißt sich in eine Curtiss I 153; fast wie von einem Blitzschlag getroffen, bäumt sie sich auf, kippt — eine dicke Rauchfahne hinter sich herziehend — steil nach unten und zerschellt am Boden. Wie ein wildgewordener Wespenschwarm schwirren die übrigen neun Sowjets durcheinander. Wieder hat Nowotny einen Gegner im Visier. Er wartet, bis er fast auf Rammnähe 'ran ist, dann ein kurzer Feuerstoß aus seinen Waffen, und auch diese Curtiss stürzt brennend ab.

Steil zieht er seine Maschine nach oben, um sich den nötigen Überblick zu verschaffen. Er legt die Me in den Messerflug und sieht gerade noch, wie die letzten zwei Sowjets weit unten ihre Maschinen aus dem Sturz abfangen und im Tiefflug verschwinden.

Nowotny kreist und hält Umschau nach seinem „Kaczmarek". Aber er ist nirgendwo zu entdecken. Sein Ruf über Funksprech (FT) bleibt unbeantwortet. Suchend kreist Rottenführer Nowotny einige Minuten über der Insel. Wieder drückt er auf den FT-Knopf. Auch diesmal bleibt es in den Kopfhörern seiner Jägernetzhaube still: Der mit seinem Tarnnamen angerufene „Kaczmarek" meldet sich nicht.

Mit einem Mal fällt sein Blick auf das Kraftstoff-Anzeigegerät. Ein heißer Schreck durchfährt ihn! Die lange Kurbelei und seine ersten beiden Luftsiege haben den jungen Jagdflieger vergessen lassen, daß es höchste Zeit zum Rückflug ist. Nowotny kurvt mit seiner Me sofort ein, bis der richtige Kompaßkurs anliegt, drosselt etwas die Motorleistung, um „Sprit" zu sparen und fliegt der See zu. Immer wieder sucht er aufmerksam den Luftraum ab. Nichts! Kein „Kaczmarek", kein feindlicher „Flugzeugschwanz" am Himmel über der Insel Ösel.

Um nach hinten keinen toten Blickwinkel zu haben, beginnt er in regelmäßigen Abständen seine Me, leicht hin und her kurvend, auf die Seite zu legen. Plötzlich stellt Nowotny erleichtert fest, daß sich sein Rottenkamerad doch noch eingefunden hat. Er hängt in einigem Abstand genau hinter ihm. So etwas macht jeden Flugzeugführer nervös. Nowotny wackelt und gibt damit das Zeichen zum Sammeln. Der „Kaczmarek" soll endlich die „Pulle ’reinschieben" und zur Rotte aufschließen. Plötzlich kracht es mehrmals in seiner Maschine, und gleichzeitig ziehen, wie aus einer Gießkanne so dicht, die bekannten „roten Mäuse" der Leuchtspur an seiner Kabine vorbei! Der vermeintliche Rottenflieger ist ein Sowjetjäger, der sich geschickt von hinten angepirscht hat.

Trotz der Treffer in seiner Maschine gelingt es Nowotny etwas später, den Gegner einen Augenblick ins Visier zu kriegen. Das genügt: Ein kurzer Feuerstoß aus seinen Bordkanonen, und der dritte Luftsieg ist errungen! Aber teuer erkauft! Die Messerschmitt ist lahmgeschossen, der Motor beginnt zu „kotzen" — wie es in der Fliegersprache heißt, und wenig später steht die „Latte". Nowotny drückt die Me nach unten, um Fahrt aufzuholen. Er will von der Insel weg, die freie See erreichen. Lieber in den „Bach" fallen, denkt er, als nach einer Bauchlandung auf Ösel von den Russen geschnappt zu werden ...

Rasch verliert die Messerschmitt an Höhe. Nowotny drückt wieder mit dem Steuerknüppel etwas nach unten, denn er kennt den alten Fliegerspruch noch von der Flugzeugführerschule: „Fahrt ist das halbe Leben!" In niedriger Flughöhe zieht er seine Maschine am Leuchtturm vorbei, wirft das Kabinendach ab und will nun über einer Sandbank die zerschossene „Mühle" mit einer Bauchlandung aufs Wasser setzen. Da er weiß, daß eine Jagdmaschine beim Aufsetzen auf die Wasseroberfläche meist sofort „unterschneidet", löst er kurz vor der Notwasserung die Anschnallgurte. Er ist nur noch wenige Meter über dem Wasser. Die Maschine setzt auf und schießt, wie ein Torpedo in eine Gischtwolke gehüllt, über die nur meterhoch überspülte Sandbank hinaus. Nowotny verspürt einen Schlag gegen den Kopf, dann wirbelt er kurz durch die Luft, klatscht aufs Wasser und fühlt, wie ihn sein Sitzfallschirm nach unten zieht. Er hat vor der Notwasserung vergessen die Fallschirmgurte zu lösen.

Unter Wasser gelingt es ihm, sich mit Hilfe des Schnellöffnungsverschlusses von dem lebensgefährlichen Fallschirm zu befreien. Wasser spuckend und nach Luft ringend, taucht er auf. Mit einigen Drehungen öffnet er die Ventile an Schwimmweste und Einmannschlauchboot, die zur Seenotausrüstung gehören. Nach einigen vergeblichen Versuchen gelingt es ihm, ins Schlauchboot zu kriechen. Mißtrauisch sieht er zurück zum Leuchtturm. Aber da rührt sich nichts! Entweder ist der Turm nicht besetzt oder die Russen meinen, die Maschine habe ihn mit in die Tiefe gerissen.

Nowotny merkt, daß ihn die Strömung langsam vom Leuchtturm weg in Richtung Südwesten treibt. Er hilft paddelnd mit den Händen nach. Bis zur Küste werden es etwa 60 Kilometer sein, überlegt er. Sicher taucht auch bald eine Seenotmaschine oder ein deutsches Schnellboot auf, um ihn aus dem „Bach" zu fischen. Aber so sehr er auch Ausschau hält, nichts ist in der Luft oder am Horizont der Rigaer Bucht zu sehen. Die Zeit bis zum Abend vergeht schnell. Es wird dunkel, und Nowotny paddelt immer noch. Der Nachthimmel ist klar und der Polarstern gut zu erkennen. Mit dem Nordstern als Orientierungshilfe zieht er unermüdlich seine Hände durchs Wasser und hält Kurs nach Süden, der Festlandküste zu. Die Kühle der Nacht merkt er nicht, denn das ständige Paddeln macht warm. Aber als der Morgen graut und die Sonne aufgeht, fröstelt er. Erleichtert stellt Nowotny fest, daß der Leuchtturm schon ein beachtliches Stück kleiner geworden ist. Weiter geht die mühsame Paddelei mit den Händen. Seine Oberarme brennen

wie Feuer; er hat sie sich an den runden, hohen Wülsten des Schlauchbootes wundgerieben. Immer stärker macht sich auch der Durst be-
merkbar.

Plötzlich entdeckt der einsame Flieger in seinem kleinen Boot in der
Ferne einige Messerschmitt-Jäger, die anscheinend nach ihm suchen. Er
winkt wie wild mit beiden Armen, aber seine Kameraden sehen ihn
nicht. Die Maschinen werden kleiner und verschwinden im Dunst über
der See. Jetzt erst wird ihm richtig bewußt, daß mit Rettung aus seiner
hoffnungslosen Lage von fremder Seite nicht zu rechnen ist. Aber der
junge Jagdflieger gibt nicht auf! Trotz der brennenden Schmerzen an
den Oberarmen und in den Achselhöhlen zieht er weiter, fast automatisch, die Hände durchs Wasser.

Es wird ein heißer Tag. Die Sonne sticht vom Himmel, Durst und
Hunger quälen ihn. Einige Zeit hält sich Nowotny das Hemd über den
Kopf, um sich vor der Sonne zu schützen. Dann paddelt er weiter.
Weil die Schmerzen an den Armen kaum noch zu ertragen sind, versucht
er mit Hilfe des kleinen Treibankers aus Stoff voranzukommen; er
wirft ihn immer wieder voraus und zieht an der Leine das Schlauchboot nach. Aber diese Art der Fortbewegung scheint doch wenig vor-
teilhaft zu sein. Er unterdrückt die Schmerzen und paddelt wieder mit
den Händen. Zwischendurch versucht er das Seewasser aus dem Boot zu
schöpfen, das ihm langsam die Haut wundfrißt. Jetzt ist der Leuchtturm auf der Südspitze Ösels nicht mehr zu sehen. Er muß also ein gutes
Stück geschafft haben.

Die zweite Nacht treibt sein Schlauchboot jetzt auf der Ostsee. Gegen Mitternacht sieht er plötzlich die Schatten zweier Schiffe, die
schnell größer werden. Sind es deutsche oder russische?

Krachend steigen mit einem Mal in allernächster Entfernung Was-
serfontänen in die Luft. Einschläge von Granaten! Aber seltsamerweise ist bei den Schiffen kein Mündungsfeuer zu erkennen. Also — so
überlegt er — müssen das russische Schiffe sein, vermutlich Zerstörer,
die aus Südrichtung von deutscher Küstenartillerie beschossen werden.
Nowotny breitet sein dunkles Hemd über die eine Seite des gelben
Schlauchbootes und legt sich flach auf den Rücken. Haben die Schiffs-
besatzungen ihn bemerkt? Die Zerstörer rauschen mit hohen Bugwellen
dicht am Schlauchboot vorbei. Kurz darauf hat sie die Nacht verschluckt.

Weit kann's bis zur Küste nicht mehr sein, denkt Nowotny, wenn
schon die Artillerie bis hierher reicht. Er bekommt neuen Auftrieb und

zwingt sich mit eisernem Willen dazu, trotz seines Erschöpfungszustandes weiterzupaddeln.

Als ein neuer Tag heraufdämmert und wieder diese unbarmherzige brennende Sonne direkt aus dem Meer aufzusteigen scheint, ist seine Enttäuschung grenzenlos. Von der Küste ist noch immer nichts zu sehen! Rundherum nur Wasser, Wasser, das nicht zu trinken ist. Das Durstgefühl an diesem Tage wird noch qualvoller, und vom ständigen Hocken im Boot stellen sich Muskelkrämpfe ein. Muß ich hier wirklich einsam verrecken, denkt er, sollte ich nicht lieber vorher Schluß machen? Zweimal nimmt er seine Pistole in die Hand, entsichert sie. Dann aber steckt er sie im Gedanken an seine Eltern wieder weg. Er gibt nicht auf: sein Wille überwindet Verzweiflung und Schmerzen.

Diesem qualvollen Tag folgt die dritte, nicht weniger qualvolle Nacht. Nowotny ist mit seinen Kräften am Ende. Aber immer noch zieht er automatisch die Handflächen durchs Wasser.

Als der Morgen graut, schlagen starke Brecher ins Schlauchboot, das wie verrückt hin und her zu tanzen beginnt. Plötzlich ein Stoß, Nowotny kippt aus dem Boot, taumelt und kriecht durchs flache Wasser, spürt im Unterbewußtsein Sand unter sich, bricht zusammen, schiebt sich langsam Zentimeter für Zentimeter einige Meter höher auf den Strand, und dann spürt er nichts mehr. Bewußtlos liegt sein geschundener Körper am Strand. Vergeblich lecken die Ausläufer der Brandung nach ihm.

Leutnant Nowotny wird in einem Bett wach; er hat ein weißes Nachthemd an, und auf einem Hocker neben ihm liegen seine Sachen und seine Pistole. Plötzlich kommen zwei Soldaten in russisch aussehenden Uniformen ins Zimmer. Entsetzt richtet sich Nowotny auf und greift zur Pistole. Dann atmet er erleichtert auf. Im letzten Augenblick hat er an den Armbinden erkannt, daß es sich um lettische Soldaten handelt, die als Hilfswillige auf deutscher Seite stehen.

Den Namen des Ortes Mikelbaka, wo Leutnant Nowotny mit seinem Schlauchboot ans Land gespült wurde, hat er niemals vergessen . . .

Als er telefonisch mit seinen Kameraden in Windau spricht, erfährt er, daß sein Rottenflieger wohlbehalten vom Einsatz über Ösel zurückgekehrt ist.

Die Letten, die sich zusammen mit ihren deutschen Vorgesetzten um den zusammengebrochenen Nowotny kümmerten, gehörten zu der Küstenbatterie, die nachts auf die russischen Zerstörer das Feuer eröffnet und beinahe noch das kleine Schlauchboot getroffen hatten. Sie erinnerten sich daran, tagsüber in der Ferne auf dem Wasser einen kleinen gelben Punkt gesehen zu haben, den sie aber für eine Boje hielten.

Als sich der Vermißte wieder bei seiner Staffel in Windau meldete, waren seine Sachen bereits zu einem Nachlaßpaket verschnürt, und der Staffelkapitän wollte den Eltern gerade in einem Brief mitteilen, daß ihr Sohn Walter vom letzten Feindflug nicht zurückgekehrt ist . . .

Schon eine Woche darauf startete Leutnant Nowotny wieder zum Feindflug. Er sei aber, wie er erzählte, in der ersten Zeit bei Einsätzen über See ein „widerwärtiges und beklemmendes Gefühl" nie losgeworden. Erst nach vierzehn Tagen habe sich das schlagartig geändert, als an derselben Stelle bei dem Leuchtturm an der Südspitze Ösels ein russischer Bomber von ihm ins Meer geschickt wurde.

Nach seinem zehnten Luftsieg — inzwischen war es August geworden — erhielt er das Eiserne Kreuz I. Klasse. Weil Nowotny zur Unterstützung des hart kämpfenden Heeres oft mit seinen Bordwaffen Tiefangriffe geflogen hatte, wurde die Auszeichnung von seinen Kameraden „Flurschaden-EK" genannt.

Anfang September konnte er schon wieder „Fliegergeburtstag" feiern: Kaum zum Feindflug gestartet, geriet durch technische Mängel seine 109 in Brand. Nowotny brachte sie zum Platz zurück, landete, sprang heraus, bevor sie noch ausgerollt war und brachte sich so in Sicherheit. Wenig später flog die Maschine in die Luft, war von ihr nur ein brennender und qualmender Trümmerhaufen übrig.

Ein andermal schien das Schicksal den bei allen Motorfliegern üblichen Glück- und Erfolgswunsch „Hals und Beinbruch!" zu wörtlich zu nehmen: „Nowy", wie ihn seine Kameraden nannten, kam vom Feindflug zurück, fegte mit seiner Me im Tiefstflug wackelnd knapp über die Grasnarbe des Feldflugplatzes, um einen Abschuß anzuzeigen, da blieb plötzlich wegen Spritmangels der Motor weg. Mit stehender „Latte" kurvte er zum Platz ein, fuhr Landeklappen und Fahrwerk aus und setzte zur Landung an. Er war schon zu tief, um durch Nachdrücken Fahrt aufzuholen, und ohne Motor langte es nicht mehr. Mit dem Fahrwerk blieb seine Maschine am Erdwall einer Flakstellung hängen und überschlug sich. Jede Sekunde konnte das auf dem Rücken liegende Jagdflugzeug in Flammen aufgehen, wie es in anderen Fällen schon öfter geschehen war.

Innerhalb kurzer Zeit sind seine Männer vom Bodenpersonal mit Hacke und Spaten bei ihm. Sie wissen, daß sie sich beeilen müssen und buddeln, so schnell es geht, dicht neben der Flugzeugführerkabine ein Loch in die Erde und zerren den unverletzt gebliebenen Nowotny ins Freie. (Es ist wirklich und wörtlich ein „bedrückendes", unheimliches Gefühl, hilflos nach einem solchen Überschlag fest angeschnallt — mit dem Kopf nach unten — in der engen Kabine eingeschlossen zu sein und in der stillen Hoffnung auf Rettung zu warten, daß diesmal die Kiste nicht wie bei anderen zu brennen anfängt. Der Verfasser hat diese „bedrückende Rückenlage" zweimal erlebt.)

Eine halbe Stunde nach seinem Überschlag sitzt Nowotny schon wieder in einer Maschine und fliegt mit seinen Kameraden vom „Grünherz"-Geschwader dem Wolchowbrückenkopf entgegen. Nach diesem Feindflug braust er zweimal, mit den Tragflächen seiner Me wackelnd, dicht übers Rollfeld, und sein 1. Wart kann zwei neue Striche auf das Seitenleitwerk malen . . .

*

Die großen Erfolge, welche die siegreichen Flieger-Asse der Luftwaffe im Zweiten Weltkrieg errangen, wären nicht möglich gewesen, wenn das technische Personal nicht mit seiner verantwortungsvollen Arbeit — gleich bei welcher Wetterlage — die Voraussetzungen dafür geschaffen hätte. Diese Männer in ihren schwarzen Drillichen verloren über ihren Einsatz keine großen Worte, sie nannte kein Wehrmachtbericht, sie erhielten keine hohen Auszeichnungen. Sie taten an allen Fronten ihre Pflicht und meist mehr als das. Und manch einer fiel bei Bomben- oder Tieffliegerangriffen neben seiner Maschine auf dem Feldflugplatz.

Walter Nowotny, der „Jägerblitz" aus Österreich, fühlte sich mit seinen „schwarzen" Kameraden stets besonders eng verbunden.

Er sparte nicht mit Anerkennung und Dank und wies auch bei jeder sich bietenden Gelegenheit in der Öffentlichkeit auf ihre Leistungen hin. Derartige Gelegenheiten boten sich oft, weil die Kriegsberichterstatter ihn häufiger bedrängten, als ihm lieb war, um seine Erfolge und Erlebnisse der Presse in der Heimat übermitteln zu können.

*

Bis zum Sommer 1942 erringt Leutnant Nowotny 54 Luftsiege. Davon an *einem Tag* sieben im Frontabschnitt Leningrad. Über diese großartige Leistung heißt es in Nowotnys Erlebnisbericht, den er dem Kriegsberichter Rudolf Dietrich gab: „ . . . Die äußeren Umstände waren günstig. Ausgezeichnete Sicht und die zahlreichen sowjetischen Jäger, die sich pulkweise im Blau des Himmels tummelten und vermutlich glaubten, sich an unsere bombenwerfenden Maschinen ungesehen heranpirschen zu können, ließen einiges erwarten. Na, und so kam es denn auch! Als ersten erwischte ich eine J 18, machte einen Abschwung und brachte meine Me 109 in Abschußposition. Nach einigen Feuerstößen ging er gleich brennend nach unten weg. Die anderen hielten eiligste Flucht für den besseren Teil der Tapferkeit. Aber meine Me war schneller. Über den Dockanlagen an der Newamündung kam der am weitesten links fliegende der vier Ausreißer in mein Fadenkreuz. Zwei Feuerstöße, und schon montierte die Rata ab. Rumpf und Flächen segelten brennend in die Tiefe. Von unten schoß die Flak wie rasend. Ich machte kehrt und kam gerade zur rechten Zeit. Vier J 18 suchten von hinten Anschluß an unsere Kämpfer zu finden. Und da dies zweifellos mit bösen Absichten geschah, nahm ich schon beim Hochziehen einen der Sowjetflieger an und ließ ihn durch meine Feuergarbe fliegen. Der Erfolg war verblüffend. Augenblicklich stellte er sich auf den Kopf und ging, sich öfters überschlagend, mit schwarzer Rauchfahne in die Tiefe. Das war der sechste Abschuß an diesem Tage. Nummer Sieben ließ nicht lange auf sich warten. Ich dachte schon an den Rückflug, als plötzlich eine Rata unter mir hochkurvte. Ich drückte gleich an, und die Mühle trudelte sofort nach unten ab."*

So leicht wie sich Nowotnys kurze und anschauliche Erlebnisschilderungen auch anhörten — er war kein Freund von großen Worten —, der Einsatz der deutschen Jagdflieger wurde auch an der Ostfront oft zum „Himmelskarussell" auf Leben und Tod. Nur zu häufig mußten sich unsere Jäger mit einer zehn- bis fünfzehnfachen Überlegenheit des russischen Gegners herumschlagen. Aber trotz des ungleichen Kräfteverhältnisses kam bei ihnen niemals das Gefühl auf, den sowjetischen Jagdfliegern unterlegen zu sein. Diese Überlegenheit traf in ganz besonderem Maße auf Walter Nowotny zu, den „Jägerblitz" aus Österreich. Wo er mit seinem Schwarm oder allein mit seinem treuen Rottenkameraden *Karl Schnörrer* (genannt „Quax") über der Front auftauchte, war der Himmel in kurzer Zeit leergefegt, jubelten die deutschen Landser in ihren Schützenlöchern oder auf den Nachschubwegen und warfen vor Begeisterung über die miterlebten Abschüsse ihre Stahlhelme in die

---

* „Walter Nowotny" von Rudolf Nowotny, Druffel-Verlag, Leoni am Starnberger See.

Luft. Wenn „Nowy" und „Quax" das im Tiefstflug nach siegreichem Luftkampf auf ihrem Rückflug zum Feldflugplatz sahen, war es für sie die schönste Anerkennung. Sie wußten, daß sie wieder einmal ihren Kameraden auf der Erde geholfen hatten.

*

Am 4. September 1942 erhält der 21jährige Nowotny das Ritterkreuz des Eisernen Kreuzes. Sein 1. Wart hat kurz vorher den 56. Luftsieg mit einem Pinselstrich auf dem Seitenleitwerk seiner Maschine vermerkt. Rund sechs Wochen später übernimmt Walter Nowotny die Führung der 1. Staffel.

Glück hat auf die Dauer nur der Tüchtige! — Dieses Wort eines großen Soldaten war 1942/43 für den Staffelkapitän der 1./JG 54 hundertprozentig zutreffend. Die I. Gruppe hatte zum Feldflugplatz Rehilbizi verlegt und flog von dort fast täglich für Stuka-Verbände Begleitschutz im Frontabschnitt Ilmensee-Staraja Russa, wo die Kameraden des Heeres und der Waffen-SS (4. Wehrmachtteil) im harten Kampf mit einem sich hartnäckig wehrenden Gegner lagen. Über das fast unglaubliche Glück Nowotnys in diesen Einsatzmonaten erzählt sein „Kaczmarek" (Rottenflieger), Leutnant Schnörrer*, u. a.:

„Nowotnys Stammschwarm, er selber, Rudi [Leutnant Rademacher], Toni [Leutnant Döbele] und ich flogen vom Ilmensee bis Staraja Russa und versuchten, diesen Luftraum von feindlichen Flugzeugen zu säubern. Plötzlich sah ich den Himmel mit Russen übersät . . . Sekunden später war unser Schwarm zwischen 50 bis 60 russischen Jägern eingeklemmt. Die Russen setzten sich uns sofort ins Genick . . . Nach 40 Minuten Luftkampf hatte noch keiner von uns einen Erfolg zu verzeichnen, dafür hatte ich aber meine Kiste restlos vollgeschossen bekommen. In der Kabine herrschte dumpfe Hitze. Ein Blick auf die Benzinuhr zeigte, daß höchste Zeit zur Rückkehr war. Plötzlich schrie Nowotny durchs Mikrophon: ‚Die Russen haben mich angeschossen, meine Flächen treiben Blasen!' So sagt man allgemein, wenn nach einem Einschuß durch den Luftzug das Metall der Fläche hochgezogen wurde. Waren mehrere Einschüsse an einer Stelle, montierten daraufhin oft größere Flächenteile ab . . . Vier Minuten später kam der vorgeschobene Feldflughafen Tuleblja in Sicht. Nowy fiel wie ein wundgeschossener Adler

* „Walter Nowotny", Druffel-Verlag, Leoni am Starnberger See.

in die Landebahn ein und schoß Notsignale, um die Bodenmannschaft auf die Gefahr aufmerksam zu machen. Mit 170 km Geschwindigkeit setzte er am Platz auf. In diesem Moment schon schlugen die Flammen aus Motor und Rumpf. Nowotny mußte auch in seiner Kabine die Hitze verspürt haben und sich geistesgegenwärtig losgeschnallt haben, denn plötzlich schoß er das Kabinendach ab und sprang bei einem Rolltempo von 80 bis 100 km im Hechtsprung aus seiner Maschine in den weichen Sand des Platzes. Während er sich überschlug, rollte das Flugzeug noch 30 Meter weiter und explodierte. Die Wucht der Detonation sprengte die Maschinenteile 100 Meter im Umkreis durch die Luft . . ."

Während durch die Explosion der fast leergeflogenen Kraftstoffbehälter die Maschine zerrissen und der Motor rund 70 Meter weggeschleudert wird, liegt Nowotny wie tot auf dem Platz. Seine Kameraden, der Arzt, die Platzfeuerwehr und der „Sanka" (Sanitätskraftwagen) sind noch nicht ganz in seiner Nähe, da rappelt er sich schon wieder hoch, betastet kopfschüttelnd seine Glieder und macht zögernd — als könnte er sein unglaubliches Fliegerglück noch nicht fassen — die ersten Schritte. Bei diesem tollkühnen Rettungssprung aus der rollenden Maschine hat sich Nowotny kräftig den Rücken verstaucht. Abends feiert er im Kreis seiner Kameraden den traditionellen „Fliegergeburtstag" und spült sich den „Staub des sandigen Feldflugplatzes von der Zunge" — und das nicht zu knapp.

*

Am 1. Februar 1943 zum Oberleutnant befördert, wird er wegen seiner großen Leistungen in den folgenden Wochen mehrmals im Wehrmachtbericht genannt. Im Juni erzielte der „Tiger vom Wolchowstroj" 41 Abschüsse! Seinen 100. Luftsieg erringt er am 15. Juni, den 124. schon am 24. Juni. An diesem einen Tage (inzwischen ist sein Verband auf die Focke Wulf 190 umgerüstet worden) holt das blutjunge „Fliegerwunder" aus dem ostmärkischen „Waldviertel" gleich zehn (!) Gegner vom Himmel! Und im August bleibt er insgesamt 49mal Sieger im Luftkampf; darin sind die neun und sieben Abschüsse vom 13. und 21. enthalten.

Den 150. Luftsieg hat Nowotny als 16. Jagdflieger der deutschen Luftwaffe am 18. August errungen, gleich darauf auch den 151. Nach drei Luftsiegen ist schon am 21. wieder eine Abschußserie von sieben Flugzeugen fällig, und damit der 161. Luftsieg; der erst 22½ Jahre alte Oberleutnant wird nun zum Kommandeur der I. Gruppe des JG 54 er-

nannt (ausschlaggebend sind seine außerordentlich hohen Führungs-
qualitäten) und beendet seinen Siegesmonat August mit dem 173. Abschuß.

Wie anfangs schon in Nowotnys Erlebnisbericht erwähnt, schießt er
am ersten Septembertag zehn (!) Gegner ab und kann in diesem Monat
insgesamt 45 Luftsiege erzielen.

Die „hohen Herren" der Luftwaffenführung haben anscheinend mit
dem Abschußtempo des jungen Flieger-Asses nicht Schritt halten können,
denn erst nach seinem 191. Luftsieg — am 5. 9. 1943 — wird ihm endlich das Eichenlaub zum Ritterkreuz des Eisernen Kreuzes verliehen;
er bekommt es als 293. Soldat der Großdeutschen Wehrmacht. Schon
vier Tage später kann er seinen 200. Gegner abschießen. Diesen sagenhaften Erfolg erreicht er als vierter deutscher Jagdflieger und ist somit
der viertbeste Jäger der Welt! Sechs Tage danach stehen bereits fünfzehn weitere Abschüsse auf der „Strichliste" am Seitenleitwerk seiner
Maschine.

Am 20. September 1943 erringt Walter Nowotny seinen 218. Luftsieg, überrundet damit alle deutschen Jäger-Asse und ist jetzt der erfolgreichste Jagdflieger der Welt! Hinter ihm auf der Erfolgsliste der Luftwaffe stehen die hochausgezeichneten Jagdflieger-Asse Major *Philipp*
mit 203, Major *Graf* mit 202 und Hauptmann *Rall* mit 200 bestätigten
Luftsiegen.

Als Adolf Hitler, Führer und Oberster Befehlshaber der Wehrmacht,
am 22. September 1943 im Führerhauptquartier dem Oberleutnant
Walter Nowotny als 37. Soldaten der Großdeutschen Wehrmacht das
Ritterkreuz mit Eichenlaub und Schwertern verleiht*, ist der nun zum
Hauptmann beförderte „Jägerblitz vom Wolchow" noch nicht ganz
23 Jahre alt.

Wieder bei seiner I./JG 54, holt er ab 5. Oktober in nur zehn Tagen
32 Feindflugzeuge vom Himmel. Am 14. 10. schießt er vier Gegner ab
und hat somit bei nur 442 Feindflügen den 250. Luftsieg erreicht. Diese
Leistung ist in der Luftkriegsgeschichte der Welt einmalig!

Im Wehrmachtbericht und in einer Sondermeldung des Großdeutschen
Rundfunks heißt es am 20. Oktober 1943:

„Der Führer verlieh am 19. Oktober 1943 Hauptmann Walter Nowotny, Gruppenkommandeur in einem Jagdgeschwader, anläßlich sei-

---

* Zusammen mit dem Eichenlaub, das er erst rund vierzehn Tage zuvor verliehen bekam.

72

nes 250. Luftsieges als achtem Soldaten der deutschen Wehrmacht das Eichenlaub mit Schwertern und Brillanten zum Ritterkreuz des Eisernen Kreuzes.

Hauptmann Walter Nowotny ist als Jagdflieger der sechste Träger dieser höchsten deutschen Tapferkeitsauszeichnung. Mit 250 Luftsiegen steht er an der Spitze aller deutschen Jagdflieger." — Bis 1. Januar 1945 waren die Brillanten zum Ritterkreuz mit Eichenlaub und Schwerten die höchste deutsche Tapferkeitsauszeichnung des Zweiten Weltkrieges, dann schuf der Führer und Oberste Befehlshaber der Wehrmacht, Adolf Hitler, eine letzte, allerhöchste Auszeichnung, das Goldene Eichenlaub mit Schwertern und Brillanten zum Ritterkreuz des Eisernen Kreuzes, das nur ein einziges Mal verliehen wurde: an den letzten Kommodore des Stuka-Geschwaders „Immelmann", Oberst *Hans-Ulrich Rudel*, der mit 2530 Feindflügen, 519 vernichteten russischen Panzern, einem versenkten Schlachtschiff u. a. m. mit weitem Abstand an der Spitze aller erfolgreichen Kriegsflieger der Welt steht!*

Kriegsberichter Oberleutnant Kurt Hübner, der auf den Feldflugplätzen der I./JG 54 aus erster Quelle Eindrücke über Nowotnys Einsätze und Erfolge sammeln konnte und dabei auch „Nowys" Rottenkameraden befragte, schrieb über diese Tage bis zum 250. Luftsieg einen aufschlußreichen PK-Bericht, der damals in Zeitungen und Zeitschriften veröffentlicht wurde:

„ . . . Die Situationen, in die der Hauptmann zuweilen kam, bis der 250. Gegner gefallen war, sind abenteuerlich. Als unsere angreifenden Sturzkampfflugzeuge plötzlich von bolschewistischen Jägern angenommen werden, gelingt es dem Jagdschutz, sie abzuschütteln, ohne daß auch nur eine der Stukas versehrt wird. Während des Kampfes entdeckt der Hauptmann, daß sich eine Curtiss P 40 hinter eine deutsche Stukamaschine setzt . . . Er setzte sich selbst nun wieder hinter diese, drückte ab (gleichzeitig mit ihrem Aufschlagbrand schlagen die Detonationen der Stukabomben unten hoch) und geht hoch, um sich ein neues Ziel zu suchen. Er folgt einem Bolschewisten, hat aber noch nicht wieder die volle Geschwindigkeit, um ihn gleich einzuholen, da sein Flugzeug auch die Steigleistung noch mitmachen muß, und so bemerkt er nicht, daß sich ihm eine Curtiss P 40 in den Nacken setzt. Er erfährt das erst aus dem Warnungsruf seines Kaczmareks [Rottenflieger]. Es gelingt dem

---

* Siehe auch: „Hans-Ulrich Rudel — Adler der Ostfront", National-Verlag, Hannover.

Hauptmann tatsächlich, in einer Situation, in der die Chancen auf der Seite des von hinten angreifenden Bolschewisten liegen, diesen auszukurven und kurz darauf abzuschießen. Die Stukas haben inzwischen nach ihrem Angriff die Frontlinie wieder erreicht und überflogen.

Der Hauptmann, der etwas zurückgeblieben ist, entdeckt noch einige im Tiefflug vor unseren Stellungen hinstreichende feindliche Jäger, greift sofort an, befindet sich von neuem im Luftkampf, schießt den vierten Gegner während ein und desselben Feindfluges ab und erreicht damit seinen 246. Luftsieg.

Als die bolschewistischen Jäger am nächsten Tag unsere Aufklärung hindern wollen, holt Hauptmann Nowotny seinen 247. und 249. Gegner herunter ... Schließlich, als er den Frontraum noch einmal abstreifte, entdeckte er noch einen alleinfliegenden Gegner, eine Curtiss P 40, die sich als ein sehr beachtlicher Gegner erwies. Der Zweikampf dauerte etwa zehn Minuten, dann stürzte der 250. zu Boden. [Im Einsatzraum von Karatschew.]

Auf dem Feldflugplatz war der Jubel groß. Der Flakkommandeur ließ Salut schießen, und ein Leuchtfeuerwerk aus Signalmunition begrüßte den heimkehrenden Flieger und erfolgreichsten Jäger, der die stolzen Erfolge des Ersten und dieses Weltkrieges nicht nur erreichte, sondern weit überflügelte."*

*

Als die jubelnden Kameraden ihrem geliebten „Nowy" zu diesem einmaligen großen Erfolg Glück wünschen, sagt er: „ ... gratuliert auch meinem Quax, denn ohne ihn wären meine Erfolge nicht möglich gewesen!" Sein Rottenflieger „Quax" Schnörrer, der im Kriege ein Bein verlor**, erinnert sich genau daran: „Verlegen versuchte ich mich beiseite zu schieben. Wenn ich auch bis zu einem gewissen Grad an seinen Erfolgen mitbeteiligt war und jeder von uns hundertmal dem anderen das Leben rettete, so stand ich doch weit mehr in Nowys Schuld als er in meiner."

Der 14. Oktober 1943 — der Tag des 250. Luftsieges — endete mit

---

* Aus: „Walter Nowotny", mit einem Geleitwort von Pierre Clostermann, Druffel-Verlag, Leoni am Starnberger See.
** Leutnant Karl Schnörrer wurde am 30. März 1945 über Hamburg abgeschossen, beim Fallschirmabsprung aus der Me 262 Verlust des linken Beines. Erhielt am 22. 3. 1945 das Ritterkreuz; insgesamt 46 Luftsiege, davon 35 im Osten, 9 Viermotorige im Westen, 536 Feindflüge. (Quelle: Ernst Obermaier „Die Ritterkreuzträger der Luftwaffe 1939—1945", Band I Jagdflieger, Verlag Dieter Hoffmann Mainz, 1966.)

der „längsten und feuchtesten Nacht" des Jahres: „Nowys" Erfolg wurde nach alter Fliegersitte begossen. Und als telefonisch von General Ritter von *Greim*, dem späteren Generalfeldmarschall und letzten Oberbefehlshaber der Luftwaffe, Glückwünsche zur Verleihung der Brillanten ausgesprochen wurden, kannte der Jubel auf dem Feldflugplatz und in den Unterkünften der I./JG 54 kaum noch Grenzen. Am Abend kam noch einmal ein Anruf Ritter von Greims. Er wollte Nowotny mitteilen, daß der Führer ihm gleich telefonisch seine persönlichen Glückwünsche zum 250. Luftsieg und zu den Brillanten aussprechen werde. Aber Nowotny war nicht da! Er hatte zusammen mit dem Stabsarzt einen „feucht-fröhlichen Nachtjagdeinsatz" in der Ria-Bar in Wilna geplant, war mit einer Me 108 dorthin geflogen und feierte längst bei Barmusik seinen Abschußerfolg. Und so kam es, daß die Luftnachrichtenleute den Führer und Obersten Befehlshaber Adolf Hitler mit der Ria-Bar in Wilna verbanden.

„Was sich da abspielen sollte", erinnert sich Flieger-As Karl Schnörrer, „war sicher einmalig in der ganzen Kriegsgeschichte. Tatsächlich gelang es auch. Nowy erzählte mir später, wie er in Wilna zu vorgerückter Stunde gebeten worden sei, ans Telefon zu kommen. Dort vernahm er die Stimme eines Adjutanten: ,Ich verbinde Sie mit dem Führer'. Nowy glaubte, in die Erde versinken zu müssen, so schämte er sich der Situation, in der er sich befand. Während er in einer Bar in Litauen saß, rund um sich herum dekolletierte Damen, Jubel und Trubel und Heiterkeit, sprach mit ihm der Oberste Befehlshaber der Deutschen Wehrmacht aus seinem ostpreußischen Hauptquartier, um ihm die Verleihung der damals höchsten militärischen Auszeichnung persönlich mitzuteilen!

,Hätte Adolf gewußt, wo ich wirklich war, ich glaube, er hätte sich das mit den Brillanten noch einmal anders überlegt', gestand Nowy offen."

Mit einer He 111, der Sondermaschine des Generals von Greim, flog Nowotny ins Führerhauptquartier, wo ihm der Oberste Befehlshaber der Wehrmacht am 19. 10. das Ritterkreuz mit Eichenlaub, Schwertern und Brillanten überreichte, die damals höchste Tapferkeitsauszeichnung. Anschließend verbrachte Nowotny einige Tage Urlaub bei seinen Eltern in Wien.

Zusammen mit seinem Rottenkameraden „Quax" Schnörrer flog Nowotny danach Einsätze im Raum Newel, wo die Rotarmisten versuchten, die deutsche Abwehrfront aufzureißen.

Bei einem dieser Feindflüge — es war am 12. November 1943 — wurde Schnörrers Maschine in Brand geschossen. Er konnte mit dem Fallschirm im letzten Augenblick aussteigen und landete mit schweren Bein- und Schädelverletzungen in der deutschen Hauptkampflinie. Der Schwerverwundete wurde nach erster ärztlicher Versorgung mit einer Ju 52, die Ritter von Greim zur Verfügung gestellt hatte, zum Luftwaffenlazarett Halle-Döhlau gebracht, wo ihn Nowotny mehrmals besuchte.

Karl Schnörrer lebt heute als erfolgreicher Pressefotograf in Bayern. Zusammen mit ihm und der zweiten Rotte seines Schwarms, die Nowotny im Einsatz führte, also mit Leutnant Toni Döbele (Ritterkreuzträger, 94 Luftsiege, gefallen am 10. November 1943), und Leutnant Rudolf Rademacher (Ritterkreuzträger, 90 Luftsiege im Osten, 36 Abschüsse im Westen, darunter zehn Viermotorige, acht mit der Me 262), brachte es der „Nowy-Schwarm" 1942/43 an der Ostfront auf insgesamt 500 Abschüsse! Außer „Quax" Schnörrer, Nowotnys treuem Rottenkameraden und Adjutanten, überlebte auch Rademacher den Krieg; er stürzte mit einem Segelflugzeug 1953 bei Lüneburg tödlich ab.

*

Bei seinem letzten Fronturlaub in Wien überreichte der Bürgermeister Dipl.-Ingenieur Blaschke am 18. Januar 1944 Hauptmann Nowotny den goldenen Ehrenring der Stadt Wien. Es ist die höchste Auszeichnung, welche die Hauptstadt Österreichs vergibt. Die Verleihungsurkunde hatte folgenden Wortlaut: „Die Stadt Wien widmet ihrem Bürger Hauptmann Walter Nowotny in dankbarer Würdigung seines heldenhaften Einsatzes für Deutschlands Größe den Ehrenring der Stadt Wien."

Über diese hohe Ehrung hat sich Nowotny besonders gefreut. Der Ehrenring, an die Person des Trägers gebunden, wurde nach seinem Fliegertod an die Stadt Wien zurückgegeben.

*

Nach insgesamt 255 bestätigten Luftsiegen (und über 50 unbestätigten, weil manchmal hinter der russischen Front die Abschußzeugen gefehlt hatten) mußte Hauptmann Nowotny, Kommandeur der I./JG 54, im Februar 1944 Abschied von seinen Kameraden nehmen, der ihm

verständlicherweise sehr schwer fiel. Er hatte vom Führer Einsatzflugverbot erhalten und wurde nach Paux in den französischen Pyrenäen
versetzt, wo er als Führer der Jagdfliegerschule I (JG 101) seine großen
Einsatzerfahrungen an den Jagdfliegernachwuchs weitergab. Über diese
Zeit als Kommodore in Paux war Nowotny nicht sehr glücklich. Das
Großdeutsche Reich stand im Osten in härtestem Abwehrkampf gegen
die anrollende rote Flut, und er mußte auf höheren Befehl hinter seinem
Schreibtisch oder dem Steuerknüppel einer Schulmaschine sitzen. Am
1. September 1944 zum Major befördert (er war mit knapp 24 Jahren
jüngster Major der Wehrmacht), ging sein Wunsch, wieder aktiv ins
Kampfgeschehen eingreifen zu können, endlich im September 1944 in
Erfüllung. Er wurde zunächst zur Erprobungsstelle der Luftwaffe nach
Rechlin in Mecklenburg versetzt, wo er die Aufgabe hatte, den neuen
Turbinenjäger Me 262 frontreif zu machen. Nach etwa 14 Tagen stell-
te er in Lechfeld den „Jagdverband Nowotny" auf, der mit Turbinen-
jägern ausgerüstet war.

Bei einem seiner Lazarettbesuche erzählte Nowotny seinem Rottenkameraden Schnörrer begeistert vom Turbinenjäger. „Quax, schau nur,
daß du bald wieder gesund wirst, es tut sich etwas ganz Tolles! Vor
einigen Tagen war ich in Lechfeld. Ich habe dort den neuen Turbojäger
geflogen ... Es wird allerdings noch einige Zeit brauchen, bis wir mit
diesem Wundervogel einsatzfähig sind, denn auch der beste Jagdflieger
muß da ganz von vorn beginnen. Auf diesen Dingern ist es ein ganz
anderes Fliegen als bisher. Ich selbst kann mir für den neuen Verband
die besten Flieger bei unseren Jagd-, Zerstörer- und Bombengeschwa-
dern aussuchen. Ich will aber versuchen, vor allem meinen alten Haufen
I./JG 54 aus dem Osten zu mir zu bekommen!"*

Dieser „Wundervogel", dem die Feindmächte nichts Gleichwertiges
entgegenzusetzen hatten, erreichte mit seinen zwei Junkers Jumo-Strahl-
turbinen von je 900 kp (Kilopond) — je 7000 PS — eine Höchstge-
schwindigkeit von 860 km/h. Seine Steigleistung betrug 1115 Meter pro
Minute bei einem Fluggewicht von 7825 kg. Die Me 262 hatte eine
Spannweite von 12,51 m, eine Länge von 10,60 m und eine Flügel-
fläche von 21,70 qm. Ihre Bewaffnung bestand zunächst aus vier Drei-
Zentimeter-Maschinenkanonen (MK 108) im Bug des Rumpfes. Gegen
Kriegsende kamen auch einige Turbojäger mit 24 R4M-Luftkampfrake-

---

* Aus Karl Schnörrers Tagebuch („Walter Nowotny", Druffel-Verlag, Leoni
  am Starnberger See, 1957).

ten zum Einsatz, leider viel zu spät! (Die Schnellbomberausführung der Me 262 konnte zwei 250-Kilo-Bomben tragen.)

Die Reichweite des Turbojägers betrug rund 1000 km, was der Flugzeit von über einer Stunde entsprach. Dabei verbrauchte er rund 2500 Liter Kraftstoff. Die Turbinen „schluckten" praktisch jeden minderwertigen Treibstoff, sie brauchten kein hochoktaniges, klopffestes Flugbenzin. Der deutsche „Wundervogel" war also unabhängig vom damaligen Engpaß in der Flugbenzinversorgung.

Generalleutnant Adolf *Galland*, Nachfolger von Oberst Mölders in der Dienststellung eines Generals der Jagdflieger von 1942 bis Januar 1945, sagte nach seinem ersten Flug mit der Me 262 begeistert: „Es ist, als wenn ein Engel schiebt!"

Als die ersten Turbojäger eingesetzt wurden, stiegen die Verluste der USA-Luftstreitkräfte so steil an, daß ihr Oberkommandierender in Europa, General Spaatz, die Einstellung des Bombenkrieges gegen Deutschland in Erwägung zog!

Wie mit vielen anderen neuen Waffen, mit denen das Reich seinen Feinden in der technischen Entwicklung mindestens um ein Jahrzehnt voraus war, so auch hier im Fall des „Wundervogels": Die Me 262 kam zu spät, um das Kriegsglück zu wenden! Wäre der Turbojäger rechtzeitig in größerer Zahl zum Einsatz gekommen, hätte das von kriegsentscheidender Bedeutung sein können. Mit der Me 262 wäre die Luftüberlegenheit der Alliierten beseitigt, der kriegsverbrecherische Bombenterror gegen die deutsche Zivilbevölkerung gestoppt und die Zerschlagung von Rüstungsproduktion und Nachschubwegen verhindert worden. Die deutsche Führung hätte das Gesetz des Handelns wieder an sich genommen.

An dieser Stelle ist der Hinweis angebracht, daß — entgegen der „Umerziehungspropaganda", die sogar noch rund dreißig Jahre nach Kriegsende von Polit-„Historikern" und „Meinungsmachern" in Presse und im Fernsehen betrieben wird — im Zweiten Weltkrieg der Bombenterror gegen die Zivilbevölkerung von England auf Weisung Churchills begonnen wurde; was von der britischen Presse und englischen Historikern zugegeben, aber von Westdeutschlands Meinungsmonopol nicht zur Kenntnis genommen wird. Organisator und Befehlshaber des Massenmord-Unternehmens war „Bomber-Harris", britischer Luftmarschall, der nach dem Kriege geadelt wurde ... Ein „Schreibtischtäter" in England also, für den Massenmord an deutschen Frauen und Kindern verantwortlich, durfte sich „Sir" nennen, während der greise *Rudolf*

Heß, trotz seines Friedensfluges nach England, seit über dreißig Jahren hinter Gittern sitzt: als Beweis alliierter Grausamkeit in Spandau! Ein Verbrechen gegen die Menschlichkeit mitten in Deutschland . . .

*

„Quax" Schnörrer wurde im Oktober 1944 aus dem Lazarett entlassen und traf bald darauf bei seinem Freund und Rottenkameraden „Nowy" ein, der mit seinem „Kommando Nowotny" inzwischen auf die Flugplätze Achmer und Hesepe in den Raum Osnabrück verlegt hatte. Hier sollte im Rahmen der Luftwaffen-Reichsverteidigung die Frontreife der Me 262 unter Beweis gestellt werden.

Nowotny, schon immer ein ausgezeichneter Organisator und Verbandsführer, gönnte sich Tag und Nacht keine Ruhe, um sein Turbinenjäger-Kommando zum erfolgreichen Einsatz gegen westliche Jäger und viermotorige Bomber zu bringen. Zahlreiche technische Mängel an der noch nicht ganz ausgereiften Me 262 traten auf und forderten zum Teil schwere Opfer an Mensch und Material. „Noch nie war er einer solchen Nervenbelastung ausgesetzt gewesen", schreibt Rudolf Nowotny in seinem Buch über den Bruder. „Konnte er die Eignung der Me 262 unter Beweis stellen, dann würde die deutsche Jagdwaffe diese dem Feind weit überlegene Maschine groß einsetzen können, die auf Grund ihrer sagenhaften Geschwindigkeit mit all den Mustangs, Spitfires und Thunderbolts spielend fertig werden konnte. Dann würde die deutsche Luftwaffe wieder das, was sie einst war: dem Feind überlegen!"

Schwieriger als zunächst angenommen war auch die Umschulung der Flugzeugführer von der FW 190 und Me 109 auf die Me 262. Dazu gehörte Zeit, und die stand bei den vielen Bomberströmen, die täglich mit ihren mörderischen Ladungen einflogen, nicht mehr zur Verfügung. Nowotny übte mit den neuen Besatzungen Start und Landungen und gab ihnen taktischen Unterricht. Und bald wurden auch erfolgreiche Einsätze geflogen.

*

Am 7. November traf „hoher Besuch" auf dem Flugplatz Achmer ein: Generaloberst Keller vom Führungsstab der Luftwaffe und Generalleutnant Galland ließen sich über den neuesten Stand der Entwicklung beim „Kommando Nowotny" und über die Erfahrungen mit der Me 262 unterrichten. Major Nowotny nahm im Gespräch mit Generaloberst Keller kein Blatt vor den Mund, der über die Frontlage bei der

Reichsverteidigung durch die Jäger nicht richtig informiert schien und sich zu der völlig ungerechtfertigten Behauptung hinreißen ließ, die älteren Jagdflieger seien „feige" geworden. Die Lage werde sich ändern, so meinte er, wenn erst junge Piloten im „Volks-Turbinenjäger", umgeschult vom Segelflugzeug direkt auf dieses Heinkel-Jagdflugzeug (He 162), in Massen in den Fronteinsatz kämen.

Nowotnys Rottenkamerad „Quax" Schnörrer, Zeuge des Gesprächs, erinnert sich daran: „Nowotny geriet über die Ausführungen des Generals in Wut, hatte der andere doch seine Jäger, von denen jeder bis zum äußersten gekämpft hatte, geradezu als Feiglinge bezeichnet. Nowy erklärte scharf, daß das alles Wahnsinn sei. Man solle lieber alten, erfahrenen Fliegern 1500—2000 Turbinenjäger zur Verfügung stellen und ihnen sechs bis acht Wochen Zeit geben, um sich richtig darauf einzufliegen. ,Nichts gegen den Nachwuchs' meinte Nowy, ,der ist wirklich ausgezeichnet und bringt großen Mut und die richtige innere Einstellung zur Fliegerei mit. Aber die Kurzausbildung wird immer wieder ihre Nachteile zeigen ... In einer Staffel sind heute zehn junge Piloten und höchstens noch zwei bis drei kampferprobte Männer. Dazu kommt noch, daß die Übermacht groß ist wie nie zuvor. Einer deutschen Staffel stehen oft 100 bis 500 Feindflugzeuge gegenüber. Sie sehen doch ein, daß das Programm, das Sie von obenher mitbrachten, für den Nachwuchs ein ausgesprochenes Leichenbegängnis wäre!' "

Im Zusammenhang mit dem Mangel an gut ausgebildeten und kriegserfahrenen Flugzeugführern hatte Nowotny im Verlauf des erregten Gesprächs auch noch auf eine unverständliche, seltsame Aktion hingewiesen, die damals vielen Führern fliegerischer Verbände und den Flugzeugführern reichlich merkwürdig vorgekommen war: auf jenen Befehl, der trotz der hohen Verluste unter den Flugzeugführern viele alte erfahrene Piloten — vor allem aus der Transport- und Kampffliegerei — zum infanteristischen Erdeinsatz schickte, wo dieses hochqualifizierte fliegende Personal „verheizt" wurde, wie es in der Landsersprache damals hieß. Auf der einen Seite also Mangel an Flugzeugführern mit normaler Langzeitausbildung und fliegerischer Erfahrung, auf der anderen Seite eine Art „Heldenklau"-Aktion, die man mehr für Sabotage als für zweckmäßige Planung halten könnte. Was es damals wirklich war, das wird sich — wie so vieles — heute wohl kaum noch genau feststellen lassen ...

*

Hauptmann Nowotny vor seiner „FW 190", sein 1. Wart ist ihm vor dem Start behilflich beim Anlegen des Fallschirms

Walter Nowotny
Gedenksteinenthüllung auf dem Ehrengrab im Wiener Zentralfriedhof am 22. Juni 1958

Oberst Rudel

Stuka-Staffel über den Wolken
bei der Rückkehr vom Feindflug

Zeichnung: E. Spuler

Nach der Auseinandersetzung mit Generaloberst Keller hatten Generalleutnant Adolf Galland, General der Jagdflieger, und Major Walter Nowotny abends noch lange zusammengesessen und Gespräche über die Verbesserungen der Me 262 und über neue Einsatzmöglichkeiten geführt. Noch Jahrzehnte später erinnert sich Galland an dieses Gespräch und an den unvergessenen Nowotny: „Er war der beste junge Mann, den Deutschland hatte. Er war ein ausgezeichneter Jagdflieger, der eine besondere Eignung für ein höheres Kommando mitbrachte ... Obwohl er erst 24 Jahre alt war, war er zum Geschwaderkommodore geeignet. Am Abend, bevor er fiel, sprachen wir lange miteinander. Es machte mir Freude, mich mit ihm zu unterhalten, obwohl ich in jenen Tagen nicht gerade gesprächig war. Ich glaube, er war in jeder Beziehung ein außergewöhnlich guter Mann."*

Es dämmerte der 8. November 1944 herauf. Der Tag, an dem sich das Schicksal des charaktervollen, hervorragenden Jagdfliegers Walter Nowotny erfüllen sollte.

Unauslöschlich sind die tragischen Ereignisse dieses „schwarzen Tages" für die deutsche Luftwaffe in der Erinnerung des Augenzeugen „Quax" Schnörrers geblieben, der als Nowotnys Adjutant und Rottenkamerad zusammen mit seinem Freund und Chef schon frühmorgens auf dem Gefechtsstand des „Kommandos Nowotny" auf dem Flugplatz Achmer bei Bramsche war, wo die Einsatzbesprechung in Anwesenheit von General der Jagdflieger Galland und Generaloberst Keller stattfand. Galland habe zu Nowotny gesagt: „Ich brauche Sie heute am Gefechtsstand zur Leitung der Einsätze. Sie können heute nicht fliegen." Wenige Minuten später, so berichtet Karl Schnörrer in Rudolf Nowotnys Buch, wurden mehrere große Einsätze gemeldet. „Unsere erste Rotte hing bereits in der Luft. Durch Sprechfunk verfolgten wir die sich anbahnenden Kämpfe. Die zweite Rotte unter dem erfolgreichen Leutnant Schall wurde den feindlichen Pulks entgegengeschickt. Schon wenige Minuten später kam der Nachrichtenleutnant Pr. aus seiner Kabine herausgestürzt: ‚Das Funkzeichen von Schall hat aufgehört, ein anderer ist notgelandet. Schall muß in der Nähe von Bramsche abgestürzt sein.' Da schwoll Nowotny eine Ader auf der Stirn. Er hielt es nicht mehr länger aus, untätig zuzusehen oder zuzuhören, wie ein Kamerad nach dem anderen ausfiel. Er rannte hinaus, sprang in seinen Wagen und

---

* Toliver/Constable: „Das waren die deutschen Jagdflieger-Asse 1939—1945", Motorbuch-Verlag, Stuttgart.

rief: ‚Herr General, so schwer es mir wird, ich fliege und zeige Ihnen, daß man auch noch Erfolge erzielen kann.' [Nowotny fiel es schwer, gegen den Befehl zu handeln, der ihn als Einsatzleiter an den Boden bannte; außerdem bestand ja noch immer das Einsatzflugverbot.]

Alle Rufe: ‚Nowotny, kommen Sie doch zurück!' waren vergebens. Mit seinem Auto fegte Nowy über den Platz. Gleich darauf jagte er in seiner Me 262 mit dem alten Traditionszeichen des 54. Geschwaders, dem grünen Herz und der weißen acht, in den Himmel."

Nowotny war gestartet, ohne auf seinen Rottenflieger zu warten, der beim Anlassen Schwierigkeiten mit einem Turbinentriebwerk hatte. Vom Flugplatz aus konnte durch die aufgerissene Wolkendecke ganz in der Nähe ein Pulk viermotoriger Bomber beobachtet werden, die in Begleitung von Mustang-Jägern ihre Tod und Verderben bringende Bombenlast bald wieder über den Häusern einer deutschen Innenstadt abladen würden.

„Quax" Schnörrer: „Nowotny steuerte auf die Bomber zu. Wie ein Blitz kam er an die Viermotorigen heran und eröffnete auf einen schweren Vogel das Feuer. Größere Teile lösten sich, schon explodierte der Amerikaner."

Während sich Ritterkreuzträger Oberleutnant *Hans Dortenmann* (38 Luftsiege), Staffelkapitän der 12./JG 54, der mit seinem FW 190-Schwarm startbereit auf dem Flugplatz stand, daran erinnerte, daß Nowotny durch Funkspruch meldete: „ ... habe gerade den dritten Abschuß erzielt ... linkes Triebwerk fällt aus ... werde wieder angegriffen ... wurde getroffen"*, berichtete „Quax" Schnörrer** u. a.:

„ ... Er jagte bei 5/10 Bewölkung den Bombern entgegen. Kurz darauf hörte ich im FT: ‚Eine Liberator abgeschossen, aber meine Turbinen — meine Turbinen'. Ich schrie ins FT: ‚Walter, links vor dir ist der Platz!' Da sah ich aus den Wolkenfetzen eine Me 262 stürzen, immer steiler zur Erde neigend, gefolgt von einigen Mustangs. Bruchteile später hörten wir ein Rauschen, dann einen Knall, und dann kam die Ruhe. Neben mir stand Hauptmann Wenzel, er schaute mich an, sah meine Tränen in den Augen, umarmte mich und sagte: ‚Quax, das war dein Nowy.' "

* „Das waren die deutschen Jagdflieger-Asse 1939—1945", Motorbuch-Verlag, Stuttgart 1, Seite 345.
** Im Dezember-Heft 1969 des „Jäger-Blatts", Offizielles Organ der Gemeinschaft der Jagdflieger e.V., Malente-Gremsmühlen.

Fast senkrecht, mit sogenanntem „Aufschlagbrand", war Walter Nowotnys Me 262 in Nähe des Dorfes Epe bei Bramsche aufgeschlagen und zerschellt. Über dem tiefen Krater der Absturzstelle erhob sich das allen Flugzeugführern aus dem Einsatz bekannte Fanal des Fliegertodes, eine weithin sichtbare schwarze Rauchwolke, die langsam aufstieg zum Himmel.

„Quax" Schnörrer: „Ich war wie taub, und in unsäglichem Schmerz ließen mich alle meine Sinne im Stich. Nach einigen Sekunden starrer Verzweiflung wandte ich mich zur Seite. Galland und der General kamen auf mich zu. Sie wußten, daß Nowy und ich in tausend Kämpfen ein Herz und eine Seele geworden waren. Als sie mir ihr Beileid ausdrückten, saßen auch in ihren Augenwinkeln Tränen. Deutschland hatte seinen erfolgreichsten Flieger verloren, ich aber meinen besten Kameraden und Freund."

Karl Schnörrer ließ sich im Auto seines gefallenen Freundes zusammen mit Hauptmann Werner Wenzel von Nowotnys Kraftfahrer Gedecke zur Absturzstelle fahren, wo sie die sterblichen Überreste des Gefallenen bargen und sie zur Leichenhalle brachten. Vor der Fahrt mit seinem toten Chef setzte Gedecke, der sich ebenfalls seiner Tränen nicht schämte, zum letzten Mal den Kommandeurstander.

*

Warum konnte Nowotny seine stürzende Maschine nicht mehr mit dem Fallschirm verlassen? Und war sein tödlicher Absturz Folge eines technischen Versagens oder hatten Treffer im Luftkampf mit den Mustang-Jägern den eingetretenen Turbinenausfall herbeigeführt?

In seinem Buch „Le Grand Cirque" * berichtet Pierre Clostermann, der als „Freier Franzose" in der Royal Air Force gekämpft und 33 Luftsiege errungen hat (er ist Träger des britischen „Distinguished Flying Cross" und höchster französischer Tapferkeitsauszeichnungen), daß Walter Nowotny am 15. März (?) im Tiefflug (?) beim Anschweben (?) zur Landung über Rheine von der „Tempest" seines Schwarmfliegers Nr. 4, Bob Clark, kurz vor dem Aufsetzen auf der Betonpiste abgeschossen worden sei. Die Me 262 habe keinen Tarnanstrich gehabt und sei brennend am Rande des Flugplatzes zerschmettert. Pierre Closter-

---

* Unter dem Titel „Die große Arena" in deutscher Sprache 1951 beim Scherz Verlag, Bern und München, erschienen, Seite 210.

mann, berühmtester und erfolgreichster Jagdflieger Frankreichs, der bereits 1951 in seinem in viele Sprachen übersetzten fesselnden Werk, das in seiner stilistisch meisterhaften Art an Saint Exupéry erinnert, den opfervollen Kampf seiner deutschen Gegner fair und frei von Kriegs- und Umerziehungspropaganda gewürdigt hatte, muß sich bei der Schilderung des letzten Fluges Nowotnys im Datum geirrt oder damals noch unvollständiges Quellenmaterial benutzt haben. Wie dem aber auch sei: Er und seine Kriegskameraden sprachen über ihren Gegner Walter Nowotny mit größter Hochachtung und betrauerten dessen Fliegertod beinahe so, als sei er einer der Ihren gewesen. Pierre Clostermann schrieb auch das ehrende Geleitwort zum Buch Rudolf Nowotnys über Leben, Kampf und Tod seines Bruders, das 1957 im Druffel-Verlag, Leoni am Starnberger See, erschien.

*

Major Walter Nowotny, Träger des Ritterkreuzes mit Eichenlaub, Schwertern und Brillanten, der damals höchsten Tapferkeitsauszeichnung, erkämpfte 258 Luftsiege und erzielte über 50 unbestätigte Abschüsse.

An der Stelle, wo er am 8. November 1944 bei Epe/Bramsche für sein Vaterland fiel, errichteten seine Fliegerkameraden wenig später einen schlichten Gedenkstein über den tief im Boden liegenden Resten seiner Me 262. In einem Gedenken zum 50. Geburstag seines gefallenen Bruders schrieb Rudolf Nowotny* u. a.:

„Jahre nachdem sinnlose Zerstörungswut freigelassener Ostarbeiter sich auch da ausgewütet hatte, stellten Angehörige der Deutschen Jugend des Ostens und junge Segelflieger die Gedenkstätte wieder her.

Zwanzig Jahre nach Kriegsende hat dann die Fliegerhorstgruppe Rheine des Jagdbombergeschwaders 36 unter ihrem Kommandeur Oberstleutnant Jonas die Gedenkstätte Walters in ihre Obhut übernommen und takräftig zur Verschönerung der Anlage beigetragen. Die aufgelaufenen Kosten wurden durch die jungen Soldaten selbst aufgebracht. Damit hat mein Bruder, dessen junges Leben ein einziges Opfer für das Vaterland war, die verdiente Ehrung und Anerkennung auch der neuen deutschen Luftwaffe gefunden ... Das Bundesheer Österreichs aber, in dessen Bundeshauptstadt Wien deren Ehrenbürger Walter

---

* Deutsches Soldatenjahrbuch 1970, Schild-Verlag, München 60.

Nowotny ein Ehrengrab besitzt, hat dem Toten bis zum heutigen Tag noch keinen offiziellen Besuch abgestattet, und unter den zahlreichen Kränzen und Gebinden am Totengedenktag sucht die nun 84 Jahre alte Mutter bis heute vergeblich nach auch nur einem einzigen Blumengruß des österreichischen Bundesheeres. Unfaßbar für die Mutter, die dem Vaterlande zwei ihrer drei Söhne opfern mußte, unfaßbar aber auch für die Soldaten des vergangenen Krieges, die Väter der heutigen Soldatengeneration."

Soweit die Feststellungen Rudolf Nowotnys. Um das Bild vom gestörten, seltsamen Traditionsbewußtsein des österreichischen Bundesheeres abzurunden, sei hier noch ein Abschnitt aus einer Rede zitiert, die der damalige Verteidigungsminister Österreichs, Dr. Georg Prader, auf einem Soldatentreffen am 9. Juli 1968 in Mistelbach hielt*:

„... Ihr, meine Kameraden, seid keine verstaubten Überbleibsel aus vergangenen Kriegen, deren Hobby es ist, Erinnerungen aus der Mottenkiste zu kramen, Denkmäler zu errichten und Tote aus vergangenen Zeiten zu ehren. Tote, an denen viele, die nicht wissen, was Krieg bedeutet, mit einem Achselzucken vorbeigehen ... Euer Verneigen vor den toten Kameraden ist keine inhaltslose Geste, sie ist das dauernde Einlösen eines Versprechens, das Ihr ihnen gegeben habt ..."

(Eine Rede, die im Widerspruch zum Verhalten der österreichischen Bundesheerführung steht . . .)

*

Auf den Ehrengräbern der Stadt Wien ließen 1945 die kommunistischen Sieger aus dem Osten Kühe weiden ... In einem der Ehrengräber ruhten die sterblichen Überreste Walter Nowotnys, die nach einem feierlichen Staatstrauerakt in der Wiener Hofburg am 15. November 1944 auf dem Zentralfriedhof Wiens beigesetzt wurden.

Erst sechs Jahre später durften die Familienangehörigen nach Überwindung großer Schwierigkeiten, die ihnen das „offizielle" Wien bereitet hatte, Walter Nowotnys letzte Ruhestätte durch eine kleine Grabtafel kenntlich machen. Und es vergingen noch acht Jahre, bis endlich am 22. Juni 1958 auf Walter Nowotnys Ehrengrab der Stadt Wien ein Gedenkstein aufgestellt und von seinen Kameraden feierlich enthüllt werden durfte. Er trägt am Schluß der Inschrift den Satz aus der Edda: „Ewig ist der Toten Tatenruhm".

*

---

* Deutsches Soldatenjahrbuch 1970, Schild-Verlag, München 60.

In einem der Briefe Walter Nowotnys an seine Eltern heißt es: „Was schert uns das Heute, was das Gestern, für das Morgen müssen wir leben und kämpfen! Aus Trümmern und Bombentrichtern wird Deutschland neu erstehen, alle häßlichen Wunden, die das Gestern und Heute unserem Vaterland geschlagen hat, werden wieder vernarben." Und am 6. November 1944, zwei Tage vor seinem Heldentod, schrieb er im letzten Brief jene Worte, die wie ein Vermächtnis klingen: „Ein Hundsfott, der jetzt die Flinte ins Korn werfen will! Es gibt nur noch eines: Bestehen und die Treue halten, mag kommen, was da will!"

„Rudels 2530 Feindflüge allein genügen wohl, um ihm einen ersten Platz unter den großen Piloten aller Zeiten einzuräumen. Die höchste deutsche Tapferkeitsauszeichnung des Zweiten Weltkrieges steht für eine einsame Zahl von Leistungen der Superlative."

(„Jäger-Blatt" für Angehörige ehemaliger Jagdfliegereinheiten, Offizielles Organ der „Gemeinschaft der Jagdflieger e. V.", Juni 1972.)

Hans-Ulrich Rudel — „Adler der Ostfront"

„An alle roten Falken: Schießt den Stuka mit den langen Stangen ab!" Die Stimme des russischen Fliegerleitoffiziers klingt erregt durch den Äther und überschlägt sich fast vor Wut, weil der „Stuka mit den langen Stangen" schon wieder drei Panzer abgeschossen hat, ohne daß ihn die vielen sowjetischen Jagdflugzeuge und das konzentrierte Abwehrfeuer der Flak darin hindern konnten.

Die „roten Falken" sind Stalins Elitejäger. Und der „Stuka mit den langen Stangen", eine Ju 87 mit zwei unter den Tragflächen weit hervorragenden 3,7-cm-Kanonen, wird von Hans-Ulrich Rudel geflogen, dem „Adler der Ostfront", auf dessen Kopf — tot oder lebendig — der rote Diktator im Kreml 100 000 Rubel Belohnung ausgesetzt hat. Das bolschewistische Kopfgeld konnte sich bis Kriegsende kein „roter Falke", keine Flakbedienung und kein Rotarmist verdienen, obwohl es manchmal nur um Haaresbreite ging . . .

Glück hat das Flieger-As Rudel unzählige Male gehabt. Aber sind seine in der Luftkriegsgeschichte der Welt einmaligen Erfolge damit zu erklären? Oberst Hans-Ulrich Rudel flog bis Ende des Krieges 2530 Einsätze, eine Feindflugzahl, die von keinem anderen Flugzeugführer aller kriegführenden Staaten auch nur annähernd erreicht wurde. Er schoß 519 sowjetische Panzer ab (davon 17 an einem Tag!), vernichtete zahlreiche Artillerie- und Pakstellungen, Nachschubkolonnen, Brücken, Landungsboote und versenkte mehrere Schiffseinheiten, darunter das russische Schlachtschiff „Marat" (23 600 Tonnen). Über dreißigmal wurde er von der Flak abgeschossen, fünfmal verwundet und flog bis zum letzten Kriegstage härteste Schlachtfliegereinsätze, trotz einer Unterschenkelamputation und der noch nicht verheilten Wunde!

Als einzigem Soldaten Großdeutschlands verlieh ihm der Führer und Oberste Befehlshaber der Wehrmacht, Adolf Hitler, am 1. Januar 1945 die höchste Tapferkeitsauszeichnung, das Goldene Eichenlaub mit Schwertern und Brillanten zum Ritterkreuz des Eisernen Kreuzes.

*

Aus der Vielzahl einmaliger Erfolge, die der „Tapferste der Tapferen" errang, wie der „Adler der Ostfront" auch von Fliegerkameraden und Landsern genannt wird, können hier nur einige geschildert werden:

Es ist der 22. September 1941. Das Stuka-Geschwader „Immelmann", dem Oberleutnant Hans-Ulrich Rudel angehört, befindet sich im Anflug auf den sowjetischen Kriegshafen Kronstadt im Finnischen Meerbusen. Der aus Schlesien stammende Rudel mit seinem ostpreußischen Bordschützen Scharnovski fliegt neben der Maschine des Gruppenkommandeurs, Hauptmann Steen. Unter dem Rumpf jeder Ju 87 hängt eine Tausend-Kilo-Bombe. Die dicken Brocken sind für das russische Schlachtschiff „Marat" und die anderen schweren Schiffseinheiten bestimmt, die mit ihren weittragenden Geschützen von See aus in die Erdkämpfe eingreifen und den deutschen Truppen schwer zu schaffen machen. Dieser Stuka-Angriff gegen die sowjetische Ostseeflotte ist eine der größten Bewährungsproben für das „Immelmann"-Geschwader und Oberleutnant Rudel. Über den Sturzangriff in die Flakhölle von Kronstadt berichtet er:

„Strahlend blauer Himmel, kein Wölkchen, auch über dem Wasser nicht. Russische Jäger greifen uns bereits über dem schmalen Küstenstreifen an; aber sie können uns nicht vom Ziel abdrängen, das kommt nicht in Frage. Wir fliegen in dreitausend Meter Höhe, die Flak ist mörderisch. Zehn bis fünfzehn Kilometer vor uns sehen wir Kronstadt: es kommt uns ewig weit vor ...

Ein wildes Durcheinander am Himmel von Kronstadt, die Rammgefahr ist groß. Noch sind einige Kilometer zu fliegen, schräg vor mir sehe ich schon die ‚Marat' liegen. Die Wolken der Flak tanzen um uns, scheinen zu einem tödlichen Teppich zu werden. Noch nie ist mir der Weg durch die Abwehr so weit vorgekommen ...

Ob heute Hauptmann Steen wieder die Sturzflugbremsen ausfährt, oder ob er bei dieser Abwehr mal ‚ohne‘ runterrauscht? Da fährt er sie schon aus, ich tue das gleiche und schaue ihm nochmal in die Kabine. Auf seinem ernsten Gesicht liegt der Ausdruck der Konzentration. Nun sind wir im Sturz, ganz dicht beieinander. Unser Sturzwinkel mag zwischen siebzig und achtzig Grad liegen. Das Visier hat die ‚Marat‘ schon erfaßt. Wir stürzen auf sie zu, langsam wird sie riesengroß. Alle ihre Flakgeschütze sind nun auf uns gerichtet. Aber jetzt gilt nur das Ziel, unsere Aufgabe; wenn wir sie lösen, spart es den Kameraden der Erdtruppe viel Blut. Aber — was ist das? Hauptmann Steens Maschine entfernt sich plötzlich weit von der meinen. Sie ist viel schneller. Hat er doch die Sturzflugbremsen wieder eingezogen, um schneller nach unten zu kommen? Ich tue das gleiche.

Mit höchster Geschwindigkeit rase ich jetzt auf den Flugzeugschwanz vor mir los. Ich bin viel zu schnell ... Ich sehe dicht vor mir das erschrockene Gesicht von Oberfeldwebel Lehmann, dem Bordschützen von Hauptmann Steen. Er erwartet jeden Augenblick, daß ich mit meiner Luftschraube seine Steuerorgane abschneide und ihn ramme. Mit allen Kräften drücke ich noch steiler — sicher neunzig Grad — und sitz' wie auf einem Pulverfaß. Werde ich Steens Maschine, die jetzt fast auf mir sitzt, berühren, oder werde ich steil drunter durchkommen? Haarscharf flitze ich vorbei! Es ist der Wink vom Schicksal, daß es diesmal gut gehen wird.

Die Mitte des Schiffes ist genau im Visier, meine Ju 87 liegt ganz ruhig im Sturz, sie dreht sich nicht, gar nicht. Ich habe das Gefühl, ein Vorbeiwerfen sei unmöglich. Jetzt sehe ich die ‚Marat‘ lebensgroß vor mir. Matrosen hasten über das Deck, sie tragen Munition. Nun drücke ich auf den Bombenauslöseknopf am Knüppel und ziehe mit allen meinen Kräften. Ob es noch zum Abfangen reicht? Ich bezweifle es, ich stürze ja ohne Bremsen, und meine Auslösehöhe ist nicht mehr als dreihundert Meter. Hauptmann Steen sagte uns in der Einsatzbesprechung, die Tausend-Kilo-Bomben müßten in einer Höhe von über tausend Metern abgeworfen werden, da die Splitterwirkung dieser Bombe bis tausend Meter geht und so die eigene Maschine gefährdet ist. Daran denke ich jetzt nicht! Die ‚Marat‘ will ich ja treffen! — Ich ziehe und ziehe am Knüppel. Ohne Gefühl, nur mit Kraft. Die Beschleunigung ist zu groß, ich sehe plötzlich nichts mehr, habe einen Schleier, eine kurze Bewußtseinsstörung, die ich sonst nicht kenne. Aber wenn es überhaupt noch reicht, dann muß ich eben ruckartig versuchen abzufangen. Ich bin noch nicht ganz klar, da höre ich Scharnovskis Stimme:

‚Herr Oberleutnant, das Schiff explodiert!'

Jetzt schaue ich raus, wir fliegen drei bis vier Meter über dem Wasser, und ich mache eine leichte Kurve. Da liegt die ‚Marat' unter einer vierhundert Meter hohen Explosionswolke; anscheinend hat es die Munitionskammer zerrissen.

‚Gratuliere, Herr Oberleutnant!'

Scharnovski ist der erste, dann schallt es von allen anderen Maschinen durch den Äther, es klingt von allen Seiten: ‚Ausspreche Anerkennung!' Halt, gehört diese Stimme nicht dem Kommodore? Ich habe ein heißes, gutes Gefühl, so wie nach einer gelungenen sportlichen Leistung. Dann ist es mir, als ob ich in die Augen Tausender dankbarer Infanteristen schaue.

Im Tiefstflug geht es in Richtung Küste. ‚Zwei russische Jäger, Herr Oberleutnant', meldet Scharnovski.

‚Wo?'

‚Sie drücken uns nach, Herr Oberleutnant. Sie umkreisen in ihrer eigenen Flak die Flotte. Mensch Meyer, sie wurden jetzt zu gleicher Zeit von ihrer eigenen Flak abgeschossen!'

Diese vielen Worte von Scharnovski und vor allen Dingen sein Schreien sind mir völlig neu. Das ist bis jetzt noch nicht vorgekommen.

Wir fliegen tief, in gleicher Höhe der Betonklötze, auf denen ebenfalls Flakgeschütze stehen; fast könnten wir mit der Fläche den Iwan runterreißen. Sie halten nach oben auf die Kameraden, die jetzt andere Schiffe angreifen; durch die Explosionswolke ist von hier nicht viel zu sehen. Das Getöse unten auf dem Wasser scheint groß zu sein, denn einige Flakbedienungen bemerken meinen Vogel erst, als er dicht bei ihnen vorbeifliegt. Dann drehen sie die Geschütze um und schießen hinterher; alle sind sie abgelenkt durch den Gesamtverband, der hoch oben fliegt. So habe ich als einzelner Glück. Die Umgebung ist voller Flakgeschütze, die Luft ist eisenhaltig. Aber es beruhigt, daß es mir nicht so unbedingt persönlich gilt!

Ich überfliege jetzt die Küste — der schmale Küstenstreifen ist sehr unangenehm. Hochziehen wäre unmöglich, weil es zu lange dauert, bis ich eine gewisse Sicherheitshöhe erreicht habe. Also bleibe ich unten. Vorbei an Maschinengewehren, an Flak. Russen werfen sich erschreckt zu Boden, und dann höre ich wieder Scharnovskis Stimme:

‚Eine Rata von hinten.'

Ich drehe mich um und sehe die russische Jagdmaschine auf etwa dreihundert Meter hinter uns.

‚Scharnovski, schießen!'

Einige Meter neben meiner Maschine flitzen die Leuchtspurgeschosse des Iwans vorbei.

‚Scharnovski, Sie sollen schießen!'

Scharnovski gibt keinen Ton von sich. Der Iwan schießt nur noch auf Zentimeter vorbei. Ich mache wilde Abwehrbewegungen.

‚Scharnovski, sind Sie wahnsinnig: Schießen Sie oder ich sperre Sie ein!' Ich brülle ihn an!

Scharnovski schießt nicht; dann sagt er bedächtig:

‚Herr Oberleutnant, ich schieße nicht, denn ich sehe dahinter eine deutsche Me (Messerschmitt 109), und wenn ich auf die ‚Rata' schieße, beschädige ich vielleicht die Me.' Damit ist das Thema für Scharnovski erledigt. Aber ich schwitze vor Anspannung: Die Leuchtspur liegt weiter dicht um mich herum, ich kurbele wie wild.

‚Jetzt können Herr Oberleutnant sich mal umdrehen', sagt Scharnovski und lacht, ‚die Me hat die Rata abgeschlossen.'

Ich kurve leicht und schaue nach hinten; es ist so, wie Scharnovski es sagt: da unten liegt sie. Nun kommt wackelnd auch schon eine Me 109 vorbei.

‚Den Abschuß, Scharnovski, wollen wir dem Jäger gern bestätigen', sage ich. Scharnovski sagt gar nichts, er ist etwas beleidigt, daß ich vorhin mit seiner Auskunft allein nicht zufrieden war. Schweigend sitzt er bis zur Landung hinter mir.

Nach der Landung stehen alle Besatzungen vor dem Gruppenzelt angetreten. Hauptmann Steen erzählt uns, daß der Kommodore schon angerufen und zum Erfolg der III. Gruppe gratuliert habe; er war selbst Augenzeuge bei der eindrucksvollen Explosion des Schlachtschiffes. Hauptmann Steen solle denjenigen namhaft machen, der als erster stürzte und die erfolgreiche Tausend-Kilo-Bombe geworfen habe, um ihn zum Ritterkreuz einreichen zu können.

Mit einem Seitenblick zu mir sagt Hauptmann Steen:

‚Seien Sie mir nicht böse, aber ich habe dem Kommodore gesagt, ich sei stolz auf meine ganze Gruppe, daß es ein Erfolg von ihr in der Gesamtheit sein solle.'

Im Zelt drückt er mir danach die Hand: ‚Bei einem Antrag auf Anerkennung Ihrer Leistungen brauchen Sie jetzt kein Schlachtschiff mehr . . .' — und lacht wie ein richtiger Junge."

*

Vom Umfang und der Schwere des „Flakzaubers", wie die Flugzeugbesatzungen das Abwehrfeuer nannten, welches ihnen vor allem bei Angriffen gegen Schiffsziele entgegenschlug, kann sich kaum einer eine Vorstellung machen, der nicht dabei war. „Beim Sturzangriff auf ein Schlachtschiff hat man das Gefühl, einen Zeigefinger in die Mündung eines feuernden Maschinengewehrs zu stecken, in der Hoffnung, daß er nicht getroffen wird!" Das sagte ein Stuka-Flieger des berühmten „Immelmann"-Geschwaders nach einem Einsatz gegen die russische Ostseeflotte zu einem PK-Berichter. Dieser Vergleich ist durchaus nicht so übertrieben, wie es den Anschein hat. Das von Rudel versenkte Schlachtschiff „Marat", ein schwerer „Pott" von 23 600 BRT, war mit zwölf 30,5-cm-, sechzehn 12-cm-, sechs 7,6-cm-Geschützen und zahlreichen mittleren und leichteren Flugzeugabwehrwaffen ausgerüstet. Da im Hafen von Kronstadt noch andere schwere und leichte Schiffseinheiten lagen, die sich zusammen mit der „Marat", der Pontonflak und den massierten schweren Flakbatterien am großen „Flakzauber" beteiligten, waren diese Einsätze für jede Stuka-Besatzung ein „Himmelfahrtskommando" und verlangten höchsten Einsatzgeist und größtes fliegerisches Können. Manche der tapferen Besatzungen kehrte aus dieser Flakhölle von Kronstadt nicht zurück ...

*

Bis zum 1. Oktober 1941 greifen Rudel und seine Kameraden immer wieder die sowjetrussische Ostseeflotte an, um den hart kämpfenden Erdtruppen Entlastung zu bringen, die von der Schiffsartillerie mit „schweren Koffern" bepflastert werden. Trotz mehrerer Erfolge gelingt es aber nicht, auch das zweite Schlachtschiff, die „Oktoberrevolution", zu versenken. Als sie eines Tages von mehreren 1000-Kilo-Spezialschiffsbomben getroffen wird, detoniert keine einzige! Daß dies auf Sabotage zurückzuführen ist, ist jedem Stuka-Flieger klar; aber wo die Sabotage durchgeführt wurde, kann nicht mehr festgestellt werden.

Im Dezember wird Oberleutnant Rudel das Deutsche Kreuz in Gold verliehen. Er erhält es als erster in der Gruppe. Um Weihnachten herum macht er seinen 500. Feindflug. Und schon rund sechs Monate nach seinem ersten Feindflug bekommt er am 6. Januar 1942 das Ritterkreuz des Eisernen Kreuzes. General der Flieger Wolfram von Richthofen (VIII. Fliegerkorps), landet mit seinem Fieseler Storch bei der III.

Gruppe und überreicht Rudel die hohe Tapferkeitsauszeichnung, die er vor allem für seine Schiffs- und Brückenerfolge erhält.

*

Ende September 1942: Der Stadtkern Stalingrads ist erobert. Die Stadt an der Wolga, die Stalins Namen trägt, ist zu fast neun Zehnteln in deutscher Hand. Die Kämpfe gehen jetzt nur noch um einige Siedlungen und Industriewerke im nördlichen Stadtteil. In der Geschützfabrik „Rote Barrikade", im Hüttenwerk „Roter Oktober", in der Traktorenfabrik „Dserschinski", im chemischen Werk „Lazur" mit dem „Tennisschläger", wie wegen ihrer Form die dortige Eisenbahnlinie von den Landsern genannt wird, hält sich der Russe mit fanatischer Tapferkeit. Auf beiden Seiten wird mit größtem Opfermut unter hohen Verlusten gekämpft.

Die „Immelmann"-Stukas fliegen Einsatz auf Einsatz, meist mit dem Stadtplan und Luftaufnahmen in der Hand, auf denen jedes Haus, jede zur Festung ausgebaute Fabrik, jedes Erdloch zu erkennen ist. Von der russischen Flak bei Stalingrad sprechen die Stuka-Flieger mit allergrößter Hochachtung. Besonders gut schießen die Batterien, deren Bedienungen aus Frauen bestehen. Die „Weiberflak", wie sie von den Besatzungen genannt wird, nötigt jedem Flugzeugführer und Bordschützen großen Respekt ab.

Oft sind Mitte November die nördlichen Donbrückenköpfe bei Kletskaja Angriffsziele der Stukas. Am Don stehen größtenteils rumänische Einheiten. Nur im eigentlichen Gebiet von Stalingrad kämpfen die tapferen Soldaten der 6. Armee.

Eines Tages trifft eine Alarmmeldung auf dem Geschwadergefechtsstand ein. Die Stukas starten zum Einsatz gegen den sowjetischen Brückenkopf auf dem Westufer des Don. Das Wetter ist schlecht: tiefhängende Wolken, leichter Schneefall, die Temperatur liegt bei minus 20 Grad. Die Flugzeugführer sind gezwungen, so tief wie möglich zu fliegen. Die Maschinen sind etwa auf halbem Wege zum Ziel, da sehen die Besatzungen Massen in braunen Uniformen, die ihnen entgegenkommen. Russen? Nein, Rumänen in panikartiger Flucht! Zum Teil werfen sie noch jetzt ihre Handfeuerwaffen weg, um schneller laufen zu können! Ein unheilvoller Anblick für die Stuka-Flieger, deren Kurs an den Fluchtkolonnen entlang nach Norden geht. Jetzt sind sie über den Artilleriestellungen der rumänischen Verbündeten: Alle Geschütze sind verlassen, unzerstört, die Granaten liegen in Stapeln daneben! Erst ein ganzes Stück weiter sehen die Flugzeugbesatzungen die ersten Russen, die sofort mit Bomben und Bordwaffen angegriffen werden. Aber was kann das viel nützen, wenn niemand mehr auf dem Boden Widerstand leistet? Eine ohnmächtige Wut packt die Stuka-Flieger. Wie kann diese Katastrophe noch aufgehalten werden?

Mit maßloser Erbitterung wirft Rudel seine Bomben ab und streut die Garben seiner Bordwaffen in die uferlos heranbrandende Flut der gelbgrünen russischen Angriffswellen. Er hat keinen Schuß mehr in seinen Waffen — könnte sich also nicht gegen angreifende Jäger wehren — als er mit seinen Kameraden zurückfliegt, um die Maschinen zu betanken und zu munitionieren.

Auf dem Rückflug sehen die Stuka-Piloten immer noch Massen flüchtender Rumänen. Rudel denkt: „Glück für die, daß ich keinen Schuß Munition mehr habe, um diese feige Flucht zu stoppen . . ." Ihre gutausgebauten Stellungen, die schwere Artillerie, Massen von Munition, Granatwerfer- und Maschinengewehrstellungen, Panzerabwehrwaffen — alles haben die Rumänen im Stich gelassen. „Sie werden mit ihrer Feigheit eine Katastrophe über die ganze Front heraufbeschwören", befürchtet Rudel.

Widerstandslos rollt nun der Sowjetvormarsch nach Kalatsch. Und damit schließen die russischen Truppen jetzt einen Halbkreis um die 6. Armee in Stalingrad im Westen der Wolga.

Wie recht Rudel damals mit seinen Befürchtungen hatte, als er am 19. November 1942 die Massen der flüchtenden Rumänen sah, zeigten die späteren Ereignisse um und in Stalingrad . . .

Paul Carell schreibt in seinem Buch „Unternehmen Barbarossa" (Ullstein-Buch Nr. 4007/08, Frankfurt/Main — Berlin): „Schon am Mittag des 19. zeichnet sich die Katastrophe ab. Ganze Divisionen der rumänischen Front, vor allem die 13., 14. und 9. I.D., lösen sich auf und fluten panikartig zurück. Die Sowjets stoßen hinterher, nach Westen an den Tschir, nach Südwesten und nach Süden. Dann aber drehen sie mit Hauptkräften nach Südosten. Es wird klar, sie wollen in den Rükken der 6. Armee . . ."

*

Januar 1943: Die „Immelmann"-Stukas fliegen ihre Einsätze von Gorlowska aus. Der Feldflugplatz liegt im Raum von Stalino, im Donez-Industriegebiet, im Südabschnitt der Ostfront. Überlegene Feindkräfte versuchen, die Straße Konstantinowskaja—Kramatorskaja in Richtung Slawiansk zu überschreiten. Bei einem dieser Angriffe gegen Teile der 57. sowjetischen Armee, welche die deutsche Front im Raum beiderseits Isjum in einer Breite von 80 Kilometern aufgerissen hat, fliegt der Staffelkapitän Oberleutnant Hans-Ulrich Rudel seinen 1000. Einsatz. Kaum ist er wieder gelandet, wird er von seinen Staffelkameraden stürmisch beglückwünscht. Ein „Schornsteinfeger" übereicht ihm als Glücksbringer ein kleines Schwein, denn „Schwein" muß ein Schlachtflieger haben, sonst geht es beim Feindflug sehr schnell „ungespitzt in den Boden" . . .

Trotz aller möglichen Versuche, bei seinen Kameraden im Einsatz bleiben zu dürfen, muß Rudel nach seinem 1100. Feindflug befehlsgemäß vierzehn Tage Fronturlaub nehmen, den der begeisterte, erfolgreiche Sportler beim Skilaufen in St. Anton verbringt. Hier hat Major Hans von Herder, ein ehemaliger Angehöriger des „Immelmann"-Geschwaders, Teilnehmer des Ersten Weltkrieges und alter Kamerad des berühmten „Adler von Lille", des Pour-le-mérite-Trägers Max Immelmann, das Schlachtflieger-Erholungsheim gegründet, das er mit großem Organisationstalent vorbildlich leitet.

Am 1. April 1943 wird Rudel zum Hauptmann befördert und sein Rangdienstalter wegen Tapferkeit vor dem Feind auf den 1. 4. 1942 vorverlegt. Mit Datum vom 14. April verleiht ihm der Führer das Eichenlaub zum Ritterkreuz, das ihm in der Reichskanzlei Berlin zusammen mit zwölf anderen Soldaten überreicht wird. Er erhält diese hohe Tapferkeitsauszeichnung als 229. Soldat der Großdeutschen Wehrmacht. Über die Verleihung in der Reichskanzlei erzählt Rudel:

„Über eine Stunde spricht der Führer zu uns über die Kriegslage der Vergangenheit und Gegenwart und über die Pläne der Zukunft. Er streift den ersten Rußlandwinter und Stalingrad. Alle, die wir ganz vorn dabei waren, staunen über die Genauigkeit, mit der er die einzelnen Dinge kennt . . . Er ist voller Ideen und Pläne und absolut zuversichtlich. Immer wieder betont er, daß der Bolschewismus von uns geschlagen werden muß, da dieser sonst die Welt in ein furchtbares Chaos stürzt, aus dem es keinen Ausweg gibt. Darum muß der Bolschewismus an uns zerschellen, auch wenn es die westlichen Alliierten derzeit nicht erkennen wollen, welche unglückselige Politik für sich und die übrige Welt sie treiben . . ."

*

Überall dort, wo es „brennt", wo der deutsche Angriff steckenbleibt oder der Feind durchgebrochen ist, fliegt das Stuka-Geschwader „Immelmann" als „rettende Feuerwehr" Einsatz auf Einsatz: Im Frühjahr am Kubanbrückenkopf, wo Rudel in den Lagunen nordostwärts von Temjruk in wenigen Tagen mit seiner „Kanonenmaschine", die rechts und links unter den Tragflächen je ein 3,7-cm-Flakgeschütz hat, 70 russische Landungsboote vernichtet; einige Wochen später vom Flugplatz Charkow aus, wo die „Immelmänner" die deutschen Panzerdivisionen des Heeres und der Waffen-SS, darunter die hervorragenden Einheiten wie die „Leibstandarte", die „Totenkopf"-Division und „Großdeutschland" im Angriff mit Stoßrichtung auf Kursk unterstützen. Dabei schießt Hauptmann Rudel allein an einem Tage (!) zwölf Panzer ab. Bei einem dieser Tiefangriffe Rudels mit der „Kanonenmaschine", die wegen der beiden 3,7-cm-Kanonen sehr langsam und schwerfällig ist, wird er fast von einem explodierenden Panzer „abgeschossen". Nach der Landung stellen Flugzeug- und Waffenwarte fest, daß die grüne Tarnfarbe an der Ju 87 durch die Explosionsflamme abgeschmort und die Maschine von zahlreichen Panzersplittern durchlöchert ist.

*

Es wird ein „heißer" Sommer für das „Immelmann"-Geschwader! Auf der Erde tauchen immer mehr amerikanische Panzer und Lastkraftwagen, in der Luft immer häufiger Jagdflugzeuge aus den USA auf: Lieferungen Amerikas an den kommunistischen Verbündeten, mit denen die Sowjets ihre großen Lücken auffüllen.

Wie die amerikanischen Buchautoren Raymond F. Toliver, ehemals aktiver Oberst und Testpilot der USAF, und der Schriftsteller Trevor J. Constable in ihrem Buch „Das waren die deutschen Jagdflieger-Asse 1939—1945" (Motorbuch-Verlag, Stuttgart, 1972) schreiben, erhielt die Sowjetunion auf Grund des sogenannten „Pacht- und Leihabkommens" von 1941 bis 1. Oktober 1944 von den Westalliierten rund 14 700 Flugzeuge. 8734 davon wurden aus den USA geliefert, 6015 kamen aus Großbritannien. 8200 dieser Maschinen waren Jagdflugzeuge, darunter Airacobra, Hurricane, Kingcobra, Spitfire, P-51 Mustang, P-47 Thunderbolt und Curtiss P-40.

In dem sonst ausgezeichneten Jagdfliegerbuch, in welchem leider die amerikanischen Autoren an eingen Stellen, noch beinahe 30 Jahre nach Kriegsende, typische „Vokabeln der Umerziehung" verwenden, äußert sich auf den Seiten 251/252 auch der erfoglreichste Jagdflieger der Welt, Oberst a. D. der neuen Luftwaffe *Erich Hartmann* (352 Luftsiege, Träger der zweithöchsten Tapferkeitsauszeichnung: Ritterkreuz des Eisernen Kreuzes mit Eichenlaub, Schwertern und Brillanten, nur 27mal verliehen) über die gelieferten Jagdflugzeuge:

„Die Airacobra und die Kingcobra waren nach meiner Meinung für die Russen nicht wegen ihrer Flugeigenschaften wertvoll, die ja sowohl den in Rußland gebauten Jagdflugzeugen als auch der Me 109 gegenüber schlechter waren, sie waren jedoch bezüglich der Waffen und der Waffensysteme erheblich überlegen. In dieser Hinsicht waren sie den sowjetischen Flugzeugen jener Zeit um einiges voraus. Das Zielgerät der russischen Jäger bestand damals oft nur aus einem Kreis auf der Panzerscheibe. Dann kamen die Airacobra, Kingcobra, Tomahawk und Hurricane, und alle hatten Reflexvisiere moderner westlicher Bauart. Von dieser Zeit an begannen die Russen genau so wie wir zu schießen. In früheren Tagen, so unglaublich es auch erscheinen mag, gab es keinen Grund, Angst zu haben, wenn ein russischer Jäger hinter einem war. Mit ihren handgemalten Visieren konnten sie nicht richtig vorhalten und nicht genau treffen — außer sie erzielten einen Zufallstreffer. Aber nachdem die Pacht- und Leihflugzeuge eintrafen und die Russen die Visiere in die Hand bekamen, änderte sich das sehr schnell — besonders auf große Schußentfernungen.“

An anderer Stelle des Buches heißt es u. a.: „Eine wichtigere Rolle spielte das hochoktanige Flugbenzin, das die Russen unter dem Pacht- und Leihabkommen aus den USA erhielten. Der sowjetische Ausstoß war völlig unzureichend, und dieser alliierte Beitrag füllte eine kritische Lücke in der russischen Kriegswirtschaft.“

Die amerikanischen Autoren behaupten nun in ihrem Buch, die Lieferungen von Flugzeugen an die Sowjets seien im Luftkrieg an der Ostfront nicht entscheidend gewesen, da sie nur „etwa einem Sechstel der eigenen russischen Produktion“ entsprochen hätten. Immerhin betonen sie an anderer Stelle, daß „der Luftkrieg im Osten mit der Zerstörung der Erstausstattung der Roten Luftstreitkräfte durch die Luftwaffe“ begonnen habe.

Es steht heute doch zweifelsohne fest, daß durch die ersten Lieferungen aus Amerika und England — es soll sich am Anfang „nur“ um 500 Flugzeuge gehandelt haben — die Rote Luftwaffe die „Durststrecke“ überbrücken konnte, bis ihre Flugzeugproduktion wieder auf vollen Touren lief. Und daß die Lieferung von Tausenden von amerikanischen

und britischen Flugzeugen, darunter auch leichte Bomber und „Jabos"
für Tiefangriffe, „nicht entscheidend" gewesen sein soll an der Ostfront,
zeigt, für wie „bescheiden" heute zwei amerikanische Autoren die große
Hilfe beurteilt wissen wollen, welche die Kriegstreiber Roosevelt und
Churchill ihrem bolschewistischen Verbündeten Josef Stalin, dem von
ihnen so genannten „guten Old Joe", im Rahmen des „Pacht- und Leihabkommens" zuteil werden ließen. Sie sollten einmal die ehemaligen
Ostfront-Landser fragen, was sie von den verheerenden Tiefangriffen
russischer Schlachtflieger in westalliierten Maschinen gehalten haben!
Außerdem: Wer sich als Schlacht- und Stuka-Flieger mit den modernen
Jagdmaschinen aus dem Westen über der Ostfront herumschlagen mußte
(auch der Verfasser dieses Gedenkbandes gehört dazu), der wird vielleicht anderer Ansicht sein als die beiden Autoren und dem erfolgreichsten Jagdflieger der Welt, Erich Hartmann, in der Beurteilung der Aus-
wirkungen zustimmen, welche die Lieferungen westalliierter Jagdmaschinen mit modernen Visiereinrichtungen an der Ostfront gehabt
haben.

Abgesehen von den riesigen Mengen Panzern, Flugzeugen und anderem Kriegsmaterial, das vor allem Amerika nach Rußland lieferte,
modernste Bomber und Jagdflugzeuge mit amerikanischen (!) Besatzungen griffen auch häufig aktiv ins Kriegsgeschehen an der Ostfront ein.
In dem Buch „Hans-Ulrich Rudel — Adler der Ostfront" (National-
Verlag, Hannover 1, Postfach 1569) heißt es zu diesem Thema im Abschnitt „USA-Piloten kämpfen für Stalin":

„Im Spätsommer 1944 übernimmt Major Rudel die Führung des
Immelmann-Geschwaders. Sein Nachfolger als Kommandeur der III.
Gruppe wird der erfahrene, mit dem Ritterkreuz ausgezeichnete Haupt-
mann Lau. Und am 1. September erfolgt Rudels Beförderung zum
Oberstleutnant.

Von Tag zu Tag werden die Einsätze noch schwerer, als sie schon
bisher waren. Und das will viel heißen ... Jetzt haben es die Stukas oft
nicht nur mit den sowjetrussischen Piloten in den guten amerikanischen
Jagdmaschinen zu tun, jetzt greifen USA-Piloten direkt in die verlust-
reichen Abwehrkämpfe ein. Viermotorige Bomber leeren ihre Bomben-
schächte immer häufiger über dem wichtigen Ölgebiet von Ploesti und
den Nachschublinien für die Ostfront. Ihre zahlreichen Begleitjäger, mit
Zusatztanks versehen oder auf russischen Flugplätzen wieder aufge-
tankt, stürzen sich auf jede Maschine mit dem Balkenkreuz, die sie
sehen. Die vom Iwan gefürchteten Stukas — vor allem die Panzer-

knacker mit den „langen Stangen" — durch ihre langsame Geschwindigkeit den USA-Jägern bei weitem unterlegen — sind leider nur zu oft ein „gefundenes Fressen" für die amerikanischen „Stalin-Boys".

Bei einem dieser amerikanischen Jägerangriffe zur Unterstützung der Sowjetunion, welche die Parole der Weltrevolution auf ihr blutrotes Banner geschrieben hat, hängt Rudels sprichwörtlich gewordenes „Stuka-Glück" nur noch an einem „seidenen Faden". Diesmal fliegt er mit der einsitzigen „Focke-Wulf 190" Tiefangriffe.

Mit einem kleinen „Spritrest" im Tank, ohne einen Schuß Munition in den Bordwaffen kehrt er mit seiner Maschine im Tiefflug vom Einsatz zum Platz in Sächsisch-Regen zurück. Vierzig amerikanische Mustang-Jäger kommen ihm in gleicher Höhe entgegen. Rudel und sein Rottenflieger Leutnant Hofmeister fliegen dicht an den silbern glänzenden weit überlegenen USA-Jagdflugzeugen vorbei. Über Funksprech gibt Rudel durch: „Sofort landen!" Er selbst fährt Fahrwerk und Landeklappen aus, und bevor die Mustangs kehrtgemacht haben, schwebt er zur Landung an. Im Anschweben ist jede Maschine hilflos dem Gegner ausgesetzt. Ein Flugzeugführer, der sich auf die Landung konzentrieren muß, ist in seiner Maschine, die mit gedrosseltem Gas, ausgefahrenen Landeklappen und Fahrwerk anschwebt, völlig wehrlos. So auch Rudel in diesem Augenblick. Als die Maschine aufsetzt und rollt, ist er froh. Aber noch im Ausrollen sieht er die Mustang-Jäger zum Tiefangriff auf den Flugplatz ansetzen. Ein Feindjäger nimmt sich seine Maschine aufs Korn. Rudel öffnet die Kabine und läßt sich noch im Ausrollen — etwa bei einer Geschwindigkeit von 50 km/h — über die Tragfläche auf die Erde fallen; er hat Glück und bricht sich nicht die Knochen. Fest preßt er sich gegen den Boden, kurz danach bellen die Kanonen der Mustang. Seine FW 190 wird im Weiterrollen von den Garben erwischt und brennt im ersten Anflug. Rudel ist froh, daß er nicht mehr darin sitzt.

Die Mustang-Jäger aus USA veranstalten — weil keine Flak am Platz ist — ein „friedensmäßiges Schulschießen". Viele der Transportmaschinen, die für die Stukas Munition, Flugbenzin und Bomben brachten, sowie einige Ju 87 werden getroffen und fliegen in die Luft. Die Bordwaffen der 40 Mustangs rattern ohne Unterbrechung. Rudel packt eine ohnmächtige Wut: er muß hier am Boden liegen, während Stalins Helfershelfer aus Amerika Scheibenschießen auf seine Maschinen und auf ihn veranstalten . . . In seinem Buch „Trotzdem" (Verlag K. W. Schütz KG, 4994 Preuß. Oldendorf) schreibt er: „Nachdem der Mustang-

Pilot meine Maschine beim ersten Anflug in Brand geschossen hatte, muß er mich seitlich daneben haben liegen sehen . . . jedenfalls macht er Anflug über Anflug mit seinen Kanonen und Maschinengewehren. Hin über den Platz, zurück, hin, zurück . . . , er glaubt wohl nach jedem Anflug nicht recht, daß er mich schon getroffen hat; denn nachdem er ein oder zwei Anflüge gemacht hat, saust er immer seitlich in drei bis vier Meter Höhe, sein Flugzeug schräg legend, an mir vorbei und schaut mich an . . . Bei jedem Anflug von vorn spritzen mit seinen Geschossen Erde und Sand an mir vorbei, rechts und links. Ob er mich beim nächsten Anflug trifft? Weglaufen kommt nicht in Frage, denn auf alles, was sich bewegt, wird sofort geschossen. So wiederholt es sich immer wieder, mir scheint es eine ganze Ewigkeit zu dauern . . .“

Plötzlich — der Mustang-Jäger scheint keine Munition mehr zu haben — dreht er ab, nachdem er sich im Tiefstflug seitlich vorbeikommend, noch einmal den liegenden Rudel angesehen hat. Auch die anderen Mustangs haben vermutlich keine Munition mehr: sie sammeln über dem Flugplatz und fliegen ab.

Auf dem Platz brennen und qualmen die vernichteten Maschinen. Leutnant Hofmeisters FW 190 wurde bei der Landung abgeschossen. Die Reste liegen brennend am Platzrand. Er selbst ist verwundet davongekommen; ihm muß ein Fuß abgenommen werden. — Fünfzig Maschinen, glücklicherweise nur wenige Stukas, fielen den amerikanischen Jägern zum Opfer. Das Bodenpersonal der „Immelmänner“ hat sich während der Tiefangriffe hervorragend gehalten. Mit Pistolen, Gewehren, Maschinenpistolen und MGs haben sie sich gewehrt und vier Mustangs abgeschossen. Bei keinerlei Flakschutz am Platz ein ausgezeichneter Erfolg! — Im Spätherbst 1944 unterstützt Rudel mit seinem Geschwader die tapferen Einheiten des Heeres und der Waffen-SS, die sich beim Kampf um die ungarische Tiefebene der übermächtigen roten Flut entgegenwerfen. Nachdem durch den Verrat Rumäniens dort die Front zusammenbrach, soll hier in Ungarn dem an Zahl und Material weit überlegenen Feind der Weg nach Budapest und Wien verlegt werden. Die viermotorigen „Hiwi“-Verbände aus Amerika leisten für Stalin ganze Arbeit: sie zerbomben Bahnhöfe und Nachschubverbindungen, so daß bei den Stuka-Gruppen oft mit jedem Tropfen Sprit, mit jeder Bombe gegeizt werden muß . . .“

*

Wenn irgendwo an der Ostfront wieder einmal ganze Panzerrudel vom Typ T 34 oder die rund 50 Tonnen schweren „Stalin"-Panzer mit ihren 12,2-cm-Kanonen, dem schweren Flak-MG, den zwei Maschinengewehren und der überschweren Panzerung (Front 105 mm, Seite 90 mm, Heck 60 mm) durchgebrochen waren, stieg manches Stoßgebet zum Himmel: „ ... laß Rudel kommen!" Und wenn der bei allen Landsern legendär gewordene Rudel mit seinem „Kanonenvogel" anrauschte, dauerte es nicht lange, bis die Panzer brannten oder explodierten. Unzählige Ostfrontkämpfer und Flüchtlinge aus Ostdeutschland verdanken ihm und den „Immelmann"-Stukas ihr Leben!

In der militärisch knappen Sprache der Wehrmachtberichte hieß es dann: „ ... Major Rudel, Gruppenkommandeur in einem Schlachtgeschwader, vernichtete im Süden der Ostfront an einem Tage 17 feindliche Panzer ..." (WB vom 27. 3. 44) — „ ... Zwischen Dnjestr und Pruth griffen starke deutsche Schlachtfliegergeschwader in die Kämpfe ein. Sie zerstörten zahlreiche feindliche Panzer und eine große Zahl motorisierter und bespannter Fahrzeuge. Dabei vernichtete Major Rudel wiederum neun feindliche Panzer. Er hat damit in mehr als 1800 Einsätzen allein 202 feindliche Panzer vernichtet ..." (WB vom 28. 3. 44) — „ ... 27 weitere Panzer wurden durch Schlachtflieger vernichtet. Hiervon schoß Major Rudel allein elf Panzer ab und erzielte damit seinen 300. Panzerabschuß durch Bordwaffen ..." (WB vom 6. 8. 44) —

Die Zahl der offiziell bestätigten Panzerabschüsse des legendären „Adlers der Ostfront" erhöhte sich bis Kriegsende auf 519. Ein Erfolg, der in der Kriegsgeschichte aller Nationen einmalig ist! Kein Wunder, daß der hervorragende Heerführer und tapfere „Haudegen" Generalfeldmarschall *Ferdinand Schörner* während des Krieges feststellte: „Rudel ersetzt allein eine Division!"

In den PK-Berichten der Zeitungen und Illustrierten hieß es damals sehr oft: „Rudel schoß die Panzer wieder einmal rudelweise ab!" Das stimmte zwar an vielen Einsatztagen wortwörtlich, aber wie schwer solche Leistungen zu vollbringen waren, davon konnte und kann sich kein Mensch eine Vorstellung machen, der nicht mit so einem „lahmen Kanonenvogel" (ganze 260—270 km/h im Horizontalflug!) — wie Rudel und seine Kameraden — in Bodennähe oft unter stärkstem Flakbeschuß und aus allen Richtungen von Infanteriewaffen „beharkt", Panzer angegriffen hat. Immer häufiger führten die Russen Flakpanzer bei ihren Vorstößen mit, die zum Teil mit Vierlingsgeschützen bestückt waren. Es war wahrlich keine „Lebensversicherung" für Flugzeugführer und Bordschützen in einer Ju 87 — und vor allem in einem „Kanonenvogel" zur Unterstützung der Heeresverbände Tag für Tag — vom ersten „Büchsenlicht" bis zur Dunkelheit — Einsätze zu fliegen. Viele, sehr viele Stuka-Flieger ließen ihr Leben bei dem Versuch, den hartbedrängten Landsern im Abwehrkampf gegen die rote Panzerflut aus dem Osten zu helfen. Ein tiefer Trichter in der Erde nach dem Aufschlagbrand, einige herumliegende zerfetzte Metallteile, so sahen ihre Fliegergräber aus . . .

Schlachtflieger, zu deren „täglich Brot" es gehörte, Tiefangriffe zu fliegen, sich nur wenige Meter über dem Boden als „Infanteristen der Luft" zu bewähren und die dabei tatsächlich — wie man so sagt — manchmal „das Weiße im Auge des Feindes", eines MG-Schützen oder einer Flakbedienung sahen, wurden meist nicht alt . . . Oder sie mußten einen „Schutzengel" haben, der immer wieder im richtigen Augenblick „den Daumen dazwischen hielt", wie es in der Fliegersprache hieß..

Über Rudel, der mehr als dreißigmal von der Flak abgeschossen und fünfmal verwundet wurde, der sechsmal auf russischem Gebiet hinter der Front oder zwischen den Hauptkampflinien landete, um Flugzeugbesatzungen zu retten, sagten seine Kameraden: „Der liebe Gott hat längst Daumenquetschung, weil er ihn dauernd dazwischenhalten muß, damit unserem Alten nichts passiert!" Manchmal konnte man auch über den verehrten „Alten" die Bemerkung hören, wenn er vom Feindflug nicht zurückgekommen war: „Unser Alter kommt wieder! Der hat 'nen besonderen Draht nach oben: schließlich ist er ja Pfarrersohn!"

Rudel, den kein Arzt während des Krieges längere Zeit in einem Lazarett zu halten vermag, kennt nur ein Ziel: Einsatz, Einsatz, Einsatz! Er fordert sich selbst heraus bis zum Letzten. Es ist keine Phrase, sondern Tatsache: Der Glaube an Deutschland, seine grenzenlose Vaterlandsliebe und der Gedanke an die feldgrauen Kameraden auf der Erde, die ebenfalls ihr Letztes dafür hergeben, daß die Heimat mit all ihren Kulturgütern, daß die Frauen, Mädchen und Kinder vor der bolschewistischen Bedrohung aus dem Osten und den weiten Steppen Asiens beschützt werden, sind die Quellen, aus denen der einmalige Kämpfer aus dem deutschen Schlesien, Hans-Ulrich Rudel, immer wieder neue Kraft schöpft. Und wenn der Körper dieses seit frühester Jugend erfolgreichen Sportlers, der vor Beginn des Krieges Olympia-Anwärter für 1940 im Zehnkampf war, ausgepumpt ist bis zum Letzten: Rudels eiserner Wille treibt ihn vorwärts und läßt ihn sogar als Verwundeten größte Strapazen überwinden. In schier aussichtslosen Lagen macht er sich das Wort zu eigen: „Verloren ist nur, wer sich selbst aufgibt!"

So war es auch im März 1944, als er wieder einmal hinter den russischen Linien landete, um zwei Kameraden zu retten. Nachdem er durch den eisigen, reißenden Dnjestr geschwommen und von sowjetischen Soldaten „geschnappt" worden war, lief er mit einem Schulterdurchschuß den „10 000-Meter-Lauf" seines Lebens, entkam den Maschinenpistolen seiner Bewacher und Verfolger und schlug sich bis zu den deutschen Linien durch. (Nachzulesen in seinem ausführlichen Bericht im Buch „Adler der Ostfront", National-Verlag, Hannover, Seite 54—73.)

Am 29. März 1944 wird dem 27jährigen Major Rudel die damals höchste Tapferkeitsauszeichnung, das Ritterkreuz des Eisernen Kreuzes mit Eichenlaub, Schwertern und Brillanten als zehntem Soldaten der Großdeutschen Wehrmacht verliehen. Er erfährt davon durch ein Ferngespräch aus dem Führerhauptquartier. Gleichzeitig ist vom Führer und Obersten Befehlshaber ein Flugverbot für Rudel ausgesprochen worden. Als bei der Verleihung der Brillanten das Flugverbot vom Führer nochmals bestätigt wird, entgegnet Rudel frei und offen, wie es seine Art ist, daß er die hohe Auszeichnung nur dann annehmen werde, wenn er weiterhin Einsätze fliegen dürfe. „Hitler machte ein ernstes Gesicht", erinnert sich Rudel, „es entstand eine kleine Pause, dann lächelte er: ‚Also gut, fliegen Sie!'" Major Rudel ist glücklich ...

*

Nie zuvor in diesem europäischen Krieg, der durch Roosevelt und Churchill zum Weltkrieg ausgeweitet wurde, hat das schwarze Kreuz auf weißem Grund, das Wappen der Hochmeister der Deutschordensritter, welches das „Immelmann"-Geschwader als Traditionszeichen an den Maschinen führt, eine größere Bedeutung für die Stuka-Flieger gehabt als im Schicksalssommer 1944, in welchem die rote „Dampfwalze" unmittelbar das Reichsgebiet bedroht: Mit unermüdlichem Einsatzwillen und einem Angriffsgeist, der kaum noch zu steigern ist, stürzen sich Rudel, der „Adler der Ostfront", und seine Kameraden immer wieder von Insterburg in Ostpreußen aus bei ihren Feindflügen auf durchgebrochene russische Panzerspitzen. Die Nachrichten von den unbeschreiblichen Greueltaten der Rotarmisten in ostpreußischen Dörfern erfüllen alle mit Abscheu und Wut. Aus eigener Anschauung wissen manche Stuka-Besatzungen, wozu die Sowjets fähig sind: sie haben gesehen, wie sich die „Roten Falken" Stalins wie die „Aasgeier" auf hilflos am Fallschirm hängende Kameraden stürzten und sie abknallten, und sie sahen auch die Leichen notgelandeter Stuka-Besatzungen, die bei lebendigem Leibe verstümmelt und viehisch abgeschlachtet worden waren ...

Bei den Einsätzen in Ostpreußen entdeckt Rudel oft, daß sich durchgebrochene T-34-Panzer entweder in Wohnhäusern und Scheunen verstecken oder sich auf abgeernteten Feldern mit Kornbündeln tarnen. Rudel schießt dann die Kornhaufen in Brand und macht anschließend erfolgreich Jagd auf die wild herumkurvenden Panzer. Bei einem dieser Einsätze muß wieder eine Maschine in Feindnähe notlanden. Rudel landet daneben und rettet die Besatzung, auf die bereits russische Panzer zurollen. Dabei handelt er gegen einen ausdrücklichen Befehl aus dem Führerhauptquartier, der ihm verbietet, sich weiter auf derart gefährliche „Husarenstücke" einzulassen. Aber Rudels Wille zur Rettung der Kameraden ist stärker ...

*

Am 1. September 1944 wird Rudel zum Oberstleutnant befördert. Es folgen harte Einsätze am Südostabschnitt der Front. Das Flieger-As Rudel, wieder einmal verwundet und mit „Gipsbein" aus einem Lazarett geflüchtet, fliegt Einsatz auf Einsatz. Es fällt ihm zwar nicht leicht, mit Gipsverband zu fliegen, aber er stürzt sich immer wieder mit eisernem Einsatzwillen in seiner „Kanonenmaschine" gegen die vordringenden Panzer und schießt sie „rudelweise" ab. Im Dezember wird er durch Flakbeschuß schon wieder gezwungen, in ungünstigem Gelände notzulanden. Zwei Landser sind zufällig in der Nähe, heben den „eingegipsten" Flieger aus der Maschine und tragen ihn zu ihrem Fahrzeug. Wenig später fliegt er wieder Einsätze im Raum Budapest. Dieser Mann ist einmalig! Und einmalig in der Großdeutschen Wehrmacht ist auch die Tapferkeitsauszeichnung, die ihm der Führer und Oberste Befehlshaber am 1. Januar 1945 als erstem und einzigem Soldaten überreicht. Dabei sagt er: „Sie sind der größte und tapferste Soldat, den das deutsche Volk hat und je gehabt hat: Ich habe mich daher entschlossen, eine neue, nun allerhöchste Tapferkeitsauszeichnung zu schaffen, das Goldene Eichenlaub mit Schwertern und Brillanten zum Ritterkreuz des Eisernen Kreuzes. Ich verleihe es Ihnen hiermit und befördere Sie gleichzeitig zum Oberst."

Rudels Freude und Überraschung verwandelt sich in größte Niedergeschlagenheit, als Hitler wenig später abermals ein Flugverbot ausspricht: „Mit dem Fliegen ist es jetzt genug. Sie müssen der deutschen Jugend als Vorbild erhalten bleiben und Ihre Erfahrung auch."

„Mein Führer, ich nehme die Auszeichnung und Beförderung nicht an, wenn ich nicht weiter mit meinem Geschwader fliegen darf", antwortet Rudel. Die hohen Offiziere in dem Raum halten den Atem an: Das hat noch nie einer gewagt! Hitler, der noch immer Rudels Hand hält, lächelt plötzlich: „Also gut, dann fliegen Sie! Aber geben Sie auf sich acht, das deutsche Volk braucht Sie!"

Anschließend unterhält sich der Oberste Befehlshaber der Wehrmacht eineinhalb Stunden mit Oberst Rudel, der immer wieder erstaunt über Hitlers genaue Kenntnisse auf waffentechnischem Gebiet ist. — Einige Tage später wird Rudel im ungarischen Hauptquartier südlich Sopron als erstem und einzigem Ausländer für seinen Einsatz in Ungarn die höchste ungarische Auszeichnung, die Tapferkeitsmedaille in Gold verliehen. Nur sieben Ungarn sind damit ausgezeichnet worden.

Am 10. Februar 1945 heißt es im Wehrmachtbericht u. a.: „ . . . Oberst Rudel schoß in den letzten Tagen elf sowjetische Panzer ab und erhöhte damit seine Abschußerfolge auf 516 Panzer . . ."

Als Rudel mit seinem „Immelmann"-Geschwader in Oberschlesien Einsätze fliegt, wird eines Tages telefonisch das Flugverbot aus dem Führerhauptquartier erneuert. Aber Rudel ignoriert den Befehl: „Die können mir doch nicht das Fliegen verbieten, wenn die russischen Panzer auf deutschem Boden spazierenfahren!" „Ich weiß", so schreibt er[*], „daß ich nun gegen den Befehl handeln muß. Ich fühle mich der Heimat, der deutschen Erde verpflichtet, meine Erfahrungen durch persönlichen Einsatz mit in die Waagschale zu werfen; ich käme mir sonst schlecht vor. Ich fliege weiter, was auch kommen mag!" — Falls auf dem Geschwadergefechtsstand jemand nach ihm fragen sollte, während er gerade Einsätze fliegt, sind die Offiziere angewiesen, zu antworten, er sei „gerade mal rausgegangen"; und bei den abendlichen Tagesabschußmeldungen, die an Fliegerkorps und Luftflotte gehen, wird sein Name nicht mehr aufgeführt. Rudels Panzerabschüsse werden nun auf „Geschwaderkonto" verbucht.

---

[*] In seinem Buch „Trotzdem", Verlag K. W. Schütz KG, 4994 Preuß. Oldendorf.

Den 9. Februar 1945 wird Oberst Hans-Ulrich Rudel niemals in seinem Leben vergessen können. Warum er lebenslänglich an diesen „schwarzen Tag" erinnert wird, das soll er selbst berichten:

„Frühmorgens wird mir telefonisch gemeldet, daß die Russen bei Lebus, nördlich Frankfurts, eine Brücke über die Oder geschlagen haben; mit einigen Panzern seien sie sogar schon ans Westufer gelangt ... Wir fliegen hin, um zu sehen, was an dieser Meldung wahr ist. Von weitem erkenne ich schon die Pontonbrücke; noch ein ganzes Stück entfernt bekommen wir schweres Flakfeuer ... Eine Gruppe von mir greift die auf dem Eis aufgebaute Brücke an ... Ich selbst mit der Panzerstaffel fliege tiefer, um Panzer auf dem Westufer zu finden. Die Spuren kann ich sehen, die Kolosse noch nicht. Oder sind es Spuren der Zugmaschinen für die Flak? Ich gehe tiefer und sehe gut getarnt in den kleinen Geländeausschnitten der Flußniederung am Nordrand des Dorfes Lebus einige Panzer, es können zwölf bis fünfzehn sein. Da knallt es schon in meiner Fläche, und ich habe einen Treffer der leichten Flak darin. Ich bleibe tief, es blitzt von allen Ecken und Enden auf, schätzungsweise schützen sechs bis acht Batterien diese Übergangsoperation ... Von der eigenen Erdtruppe ist niemand hier. Achtzig Kilometer sind wir nur von der Reichshauptstadt entfernt! Eine tödlich-gefährliche Entfernung, wenn schon hier Feindpanzer vordringen. Jetzt ist es keine Zeit mehr für lange Überlegungen. Diesmal muß ich es mit Glück schaffen! Ich greife an ...

Es sind mehrere der überschweren ‚Stalin'-Panzer dabei, der Rest besteht aus dem Standardtyp T 34. Nachdem vier brennen und ich keine Munition mehr habe, fliegen wir zurück. Ich melde telefonisch die gemachten Beobachtungen weiter und betone auch, daß ich lediglich angreife, weil wir achtzig Kilometer vor Berlin kämpfen, ansonsten sei es nicht zu verantworten. Stünden wir noch weiter ostwärts, würde ich eine günstigere Situation abwarten, bis die Panzer wenigstens aus dem Brückenflakschutz herausgefahren wären.

Bei zwei weiteren Einsätzen wechsele ich die Maschine wegen Flaktreffern. Zum vierten Male ran, und insgesamt brennen jetzt zwölf Panzer.

Ich hacke mit meinen beiden Kanonen schon mehrere Anflüge auf einem ‚Stalin'-Panzer rum, der zwar schon qualmt, aber nicht brennen will ... Das Blut pocht in meinen Schläfen. Ich weiß, ich spiele Katz und Maus mit dem Schicksal. Aber dieser ‚Stalin'-Panzer soll brennen ... Das Kontrollzeichen meiner Kanone leuchtet auf. Auch das noch! Die zweite Kanone hat Ladehemmung; die erste wird vielleicht noch einen Schuß haben. Wieder sammle ich Höhe ... Und schon rase ich wieder aus 800 Metern nach unten: völlig auf den neuen Zielanflug konzentriert. Aus allen Rohren schlägt mir wieder wütendes Abwehrfeuer entgegen. Jetzt stillhalten ... schießen ... er brennt! Jubel in meinem Herzen! Tief donnere ich über den brennenden ‚Stalin‘-Panzer hinweg. Ich fliege Abwehrbewegungen, etwas lodert durch mein rechtes Bein, wie ein Stück glühenden Stahls. Mir wird schwarz vor Augen, aber ich muß doch fliegen ... fliegen ... Du darfst nicht willenlos, nicht schwach werden! Beiß die Zähne zusammen, du mußt es zwingen! Der grausame Schmerz zuckt durch meinen ganzen Körper ...

‚Ernst, mein rechtes Bein ist weg!‘

Mein Bordschütze, Dr. Gadermann, antwortet — und ich höre seine Stimme wie aus weiter Ferne:

‚Nein, dein Bein wird nicht weg sein, dann könntest du gar nichts mehr sagen: aber die linke Fläche brennt! Du mußt runter, wir haben zwei Treffer von der Vier-Zentimeter-Flak.‘

‚Dirigiere mich, wo ich die Maschine hinwerfen kann. Zieh’ mich dann schnell raus, damit ich nicht verbrenne.‘

Ich sehe nichts mehr, weiß nicht, wie die Maschine in der Luft hängt, erkenne keine Bodenhindernisse. Ich handle nur noch im Unterbewußtsein.

‚Ziehen!‘ schreit Gadermann durch den Kopfhörer, und jetzt fühle ich, wie ich langsam weggleite in etwas Nebliges ... Angenehmes ...

‚Ziehen!‘ Wieder schreit Gadermann. Waren vor uns Bäume oder Telefondrähte? Ich habe kein Gefühl mehr in der Hand und ziehe nur am Höhensteuer, weil Gadermann mich anschreit. Wenn dieses furchtbare Brennen in meinem Bein doch aufhören würde ... und dieses Fliegen ... wenn ich mich doch endlich weggleiten lassen könnte in diese sonderbare graue Stille und Weite, die so verlockend ist ...

‚Ziehen!‘ Wieder reiße ich automatisch am Steuerknüppel, aber jetzt hat mich mein treuer Bordschütze ganz ‚wach‘ geschrien. Ich erkenne blitzartig, daß es von mir abhängt, ob wir einigermaßen heil nach unten kommen.

‚Wie ist das Gelände?‘ frage ich über Sprechfunk.

‚Schlecht — hügelig!‘

Aber ich muß runter, sonst schleicht aus dem wunden Körper die gefährliche Gleichgültigkeit wieder in den Kopf. Ich trete links ins Seitensteuer — und brülle vor Schmerz. Aber das rechte Bein wurde doch getroffen? Komisch . . .

Ich nehme den Steuerknüppel nach rechts hinten, die Motorschnauze hebt sich, und ich slippe so die Maschine quer auf den Boden, weil vielleicht die Absprengvorrichtung für das Fahrwerk nicht mehr funktioniert — denke ich — und mit dieser Slippbewegung kann ich es dann abscheren, sonst überschlagen wir uns.

Es knallt, ein mächtiger Stoß, dann schleift was . . . Die Maschine brennt doch . . . aber herrlich, diese Ruhe! Jetzt kann ich weggleiten in die graue Weite . . . wie schön! Irrsinnige Schmerzen holen mich in die grausame Wirklichkeit zurück. Zieht man an mir herum? Holpern wir über ein rauhes Gelände? Nun ist es aus . . . die Stille nimmt mich endlich wieder ganz auf . . .

Ich erwache. Alles um mich herum ist weiß . . . aufmerksame Gesichter beugen sich über mich . . . ein scharfer Geruch . . . plötzlich weiß ich: Ich liege auf einem Operationstisch. Ein heftiger Schrecken durfährt mich: Wo ist mein Bein? ‚Ist es weg?‘ frage ich. Der Arzt nickt.

Abfahrtslauf auf meinen Skiern . . Tauchen . . Tennis . . . Zehntausend-Meter-Lauf? Alles unwichtig! Wieviel Kameraden sind viel schwerer verwundet worden als ich!? . . . Es ist alles unwichtig jetzt: Das Bein, der Arm, der Kopf . . . Wenn nur die Heimat aus ihrer tödlichen Gefahr damit gerettet werden könnte . . . ., dann ist alles andere halb so schlimm! Schlimm für mich ist nur, daß ich einige Wochen nicht fliegen werde . . . und das bei dieser Frontlage!

Jetzt sagt der Arzt leise: ‚Ich konnte nicht anders handeln, denn außer ein paar Fetzen Fleisch und einigen Sehnenteilen war nichts mehr da, also mußte ich amputieren.‘ — ‚Aber Sie haben ja um Ihr anderes Bein noch einen Gipsverband?‘ wundert er sich. ‚Ach, das war im November. Wo bin ich hier eigentlich?‘

‚Auf dem Hauptverbandsplatz der Waffen-SS bei Selow.‘

‚Ah so, bei Selow.‘ Ich überlege: Das ist etwa sieben Kilometer hinter der Hauptkampflinie, also bin ich nordnordwestwärts geflogen, nicht nach Westen.

‚Soldaten der Waffen-SS brachten Sie hierher, und dann wurden Sie operiert . . .‘"

Rudel hatte wieder einmal Glück im Unglück gehabt: Hätte ihn nicht sein damaliger Bordschütze und Beobachter, Stabsarzt und Ritterkreuzträger Dr. Ernst Gadermann („nebenberuflich" im „Immelmann"-Geschwader auf 850 Feindflügen dabeigewesen und mehrere Jäger abgeschossen) gleich nach der Bruchlandung ärztlich versorgt, wäre er sicherlich auf dem Transport zum Hauptverbandsplatz verblutet. (Ritterkreuzträger Dr. Gadermann ist heute Professor in Hamburg-Eppendorf, II. Medizinische Universitätsklinik).

*

Die Amputationswunde ist noch nicht verheilt, da fliegt Oberst Rudel wieder an der Spitze seines Geschwaders Tag für Tag Einsätze in Schlesien, Sachsen und im Sudetenland. Mit eisernem Willen besiegt er immer wieder Schmerz und Erschöpfung. Jeder neue Panzerabschuß scheint seinem durch zahlreiche Verwundungen und Notlandungen geschundenen Körper neue Widerstandskraft zu geben. Er als Kommodore und seine Männer des „Immelmann"-Geschwaders wachsen in diesen letzten Kriegswochen über sich selbst hinaus. Sie wissen, daß dieser Kampf — wenn nicht noch ein Wunder geschieht — nicht mehr zu gewinnen ist. Aber sie erfüllen bis zum letzten Tag eidgetreu ihre Pflicht und retten vielen Kameraden auf der Erde und unzähligen Flüchtlingen das Leben.

Die Nachricht von der Kapitulation der Wehrmacht erreicht Rudel und seine Kameraden am 8. Mai 1945 im Sudetenland. Sie können es nicht fassen, eine Welt bricht in ihnen zusammen: Sollen die vielen Opfer für Deutschland wirklich vergeblich gewesen sein?

*

Geschwaderkommodore Oberst Rudel, der sich bei der II. Gruppe auf dem Flugplatz Kummer befindet, will die Bodenkolonne in westliche Richtung führen, wo die amerikanischen Truppen stehen. Der Gruppenkommandeur wird mit den Maschinen in die Heimat fliegen. Hierüber berichtet Rudel in seinem Buch „Trotzdem":*

„Als der General hört, daß ich den Landtransport führen will, befiehlt er, daß ich auf Grund meiner Verwundung fliegen und Fridolin die Kolonne führen soll . . . Nachdem die Kolonne fort ist, fliegt jeder weg, der nicht auf meinen Start warten will; für viele wird es möglich sein, sich der Gefangenschaft zu entziehen, wenn sie irgendwo in der Nähe ihres Zuhauses landen. Für mich kommt es nicht in Betracht, sondern ich werde auf einem amerikanisch besetzten Platz landen, da ich sofort für mein Bein ärztliche Versorgung brauche . . ."

---

* Verlag K.W. Schütz KG, Preuß. Oldendorf.

Rudel startet zusammen mit drei Ju 87 und vier FW 190. Ihr Flugziel ist Kitzingen, wo die Flugzeugführer ihre Maschinen auf dem von Amerikanern besetzten Flugplatz auf Befehl Rudels so landen sollen, daß sie zu Bruch gehen und nicht dem Gegner unversehrt in die Hände fallen. Alle landen wie befohlen, scheren das Fahrwerk weg bzw. „vergessen", bei den Focke-Wulf-Maschinen das Fahrwerk auszufahren — nur ein Feldwebel landet glatt. Wie sich herausstellt, hatte er im Flugzeugrumpf ein Mädchen mitgenommen, um es nicht den Russen oder einer Partisanenbande der Tschechen in die Hände fallen zu lassen. Und bei einer Bruchlandung in Kitzingen hätte dem Mädchen etwas passieren können.

Über sein erstes Zusammentreffen mit den Amerikanern auf dem Flugplatz in Kitzingen bei Würzburg erzählt Rudel heute: „Da lag nun meine brave Ju auf der Landebahn, wie von einem Anfänger hingeschmissen, und ich hockte mit blutendem und schmerzendem Beinstumpf hinter dem Steuerknüppel. Das Gefühl nach dem letzten Flug mit diesem braven Vogel kann nur jemand verstehen, dem der Himmel so gehörte wie uns Stuka-Fliegern. Und das Wissen, daß man, vom Gegner unbesiegt in so vielen Einsätzen, nun in Gefangenschaft gerät, das war schon bitter und schmerzte fast mehr als mein Beinstumpf. Ich öffnete das Kabinendach, da stieß auch schon ein ‚Gummi' kauender ‚Befreier' seine Maschinenpistole in die Kabine und wollte mich von meinem Goldenen Eichenlaub ‚befreien'. Ich gab ihm einen Stoß und schloß sofort wieder das Kabinendach. In diesem Augenblick traf ein Jeep mit amerikanischen Offizieren ein. Sie verhinderten weitere Belästigungen. Als sie meinen blutigen Verband sahen, brachten sie mich in ihr Krankenrevier, wo ich neu verbunden wurde.

Mit Hilfe meiner Behelfsprothese, die mir noch mein 1. Wart gebastelt hatte, ging ich dann, ohne mir Schmerzen anmerken zu lassen, in Begleitung einer ‚Leibwache' in den Raum einer Flugzeughalle, wo eine Art Kasino eingerichtet war. An der einen Seite saßen meine Kameraden, ihnen gegenüber standen mehrere Offiziere. Meine Kameraden erhoben sich bei meinem Eintreffen und erwiesen mir die Ehrenbezeugung, wie sie vorgeschrieben war, durch Erheben des ausgestreckten rechten Arms. Ich dankte ebenfalls mit dem deutschen Gruß. Den amerikanischen Offizieren gefiel unsere militärische Begrüßung nicht, und sie machten irgendwelche drohenden Bemerkungen. Hatten die etwa erwartet, wir würden uns mit ‚Hällo' begrüßen? Ein Dolmetscher kam auf mich zu und fragte, ob ich Englisch spräche und meinte, der

Kommandeur wünsche diesen Gruß nicht. Ich antwortete: ,Wenn ich auch Englisch sprechen kann, wir befinden uns hier in Deutschland und sprechen nur deutsch! Was den Gruß anbetrifft, so sagen Sie Ihrem Kommandeur: Das ist uns in dieser Weise befohlen, und wir sind Soldaten und führen Befehle aus! Teilen Sie Ihrem Kommandeur mit, daß wir vom Immelmann-Geschwader sind und daß wir uns nicht als Gefangene betrachten, da der Krieg beendet ist und uns in der Luft niemand besiegt hat! Der deutsche Soldat ist in seiner persönlichen Leistung nicht geschlagen, sondern lediglich durch überlegene Materialmassen erdrückt worden!"

*

In der darauffolgenden Nacht stahlen die US-Soldaten dann fast alles, was die „Immelmänner" nicht unmittelbar am Körper trugen. Das Flugbuch Rudels mit sämtlichen eingetragenen Feindflügen, die Zweitausführung der „Brillanten", die Urkunde des Flugzeugführerabzeichens mit Brillanten, die höchste ungarische Tapferkeitsmedaille und andere Dinge blieben an den Fingern der „Befreier" kleben. Auch Armbanduhren und Füllfederhalter wechselten den Besitzer. Sogar die Behelfsprothese Rudels wurde gestohlen. Seinem letzten Bordschützen, Hauptmann und Ritterkreuzträger Niermann, gelang es, sie wieder zu beschaffen. Er fand sie versteckt im Bett eines amerikanischen Soldaten.

Die Proteste bei den US-Offizieren hatten keinen Erfolg: Rudels wertvolle Erinnerungsstücke blieben im Besitz der „Befreier".

Als er bei der Vernehmung u. a. betonte, die Amerikaner würden eines Tages noch mächtig bereuen, daß sie Deutschland als Bollwerk gegen den Bolschewismus zerschlagen hätten, wurde das vom Vernehmungsoffizier als „Propaganda" bezeichnet. Im Verlauf der Nachkriegsjahre wird dieser Offizier auf Grund der weltpolitischen Ereignisse vermutlich Rudel recht gegeben haben ...

Oberst Rudel und sein Kamerad Niermann, der heute in Argentinien lebt, werden in der Folgezeit in verschiedenen Gefangenenlagern in Frankreich und England festgehalten. Zuletzt gelingt es deutschen Ärzten endlich, Rudels Verlegung aus einem Gefangenenlager in Frankreich in ein deutsches Kriegslazarett durchzusetzen. Er kommt nach Fürth in Bayern, wo sein Beinstumpf fachgerecht versorgt wird. Nach seiner Entlassung unternimmt er schon wieder mit Hilfe seiner Behelfsprothese Versuche auf Skiern. Und mit eiserner Energie und einer guten

Beinprothese, die er sich bei einem meisterhaften Prothesenbauer in Kufstein/Tirol anfertigen läßt, schafft er es in der Folgezeit, die gesamte Ski-Elite bei nationalen und internationalen Skiwettkämpfen in Erstaunen zu versetzen. Er erringt zahlreiche Siege in seiner Altersklasse und wird sogar einmal westdeutscher Skimeister — und das unter gesunden Wettkampfteilnehmern! Auch bei Versehrtenmeisterschaften kann er viele Siege und Pokale erringen. Daß Rudel auch trotz Unterschenkelprothese ein erfolgreicher Tennisspieler wurde und sogar Autorennen bei internationaler Besetzung fuhr, sei nur am Rande vermerkt. Einer seiner größten Erfolge — wenn nicht die größte sportliche Leistung überhaupt — ist die Erstbesteigung des höchsten Vulkans der Erde, des rund 6800 Meter hohen Llullay-Yacu in Südamerika, den er mit Beinprothese und ohne Sauerstoffbehälter sogar mehrmals bezwingt. Süd- und nordamerikanische Zeitungen und Illustrierte berichten seitenlang über diese hervorragenden Leistungen des kriegsversehrten, legendären Stuka-Fliegers. Die „Lizenzpresse der Umerzieher" aber und sonstige „Meinungsmacher" der amerikanischen „Re-education" verschweigen das oder veröffentlichen Kurzmeldungen, „angereichert" mit „Propagandavokabeln der Umerziehung".

∗

Rudel, der am 2. Juli 1916 in Konradswaldau im schönen deutschen Schlesien als Sohn eines Pfarrers geboren wurde, arbeitete nach dem Kriege einige Jahre als Flugzeugexperte zusammen mit anderen prominenten deutschen Flieger-Assen für die argentinische Regierung. Heute ist er als Industriekaufmann für in- und ausländische Export-Import-firmen tätig. Nach seinen oft anstrengenden Reisen ins Ausland erholt er sich meist kurze Zeit in Kufstein/Tirol, wo er auf einem herrlich gelegenen Fleckchen Erde am Stimmersee ein kleines, gemütliches Berghaus besitzt.

Hans-Ulrich Rudel, der „Adler der Ostfront", der für sein Vaterland so außergewöhnliche Leistungen vollbrachte, dem unzählige Landser und Flüchtlinge aus Ostdeutschland ihr Leben verdanken, wird heute von den „Meinungsmachern" des Fernsehens, Rundfunks und der Presse totgeschwiegen. Es findet sich auch kein Filmproduzent, der es wagen würde, das Leben dieses einmaligen Kämpfers und erfolgreichen kriegsversehrten Sportlers zu verfilmen. Vorbilder wie Rudel sind in unserer Zeit des Opportunismus', des „Bauchwählertums" und des

Porno- und Rauschgiftkonsums nicht gefragt . . .

Ein Mann, der schon während des Krieges nichts für das sogenannte Kasinoleben übrig hatte, der „nur" Milch trank, nicht rauchte und in jeder freien Minute „nur" Sport trieb und der schon immer ein Alkohol- und Nikotingegner war, so etwas kann doch in einer „sexualdemokratisch-fortschrittlichen Gesellschaft" für die Jugend kein Vorbild sein — oder doch?

„Wie es auch sei, aber Rudel ist der größte Flieger, den die Geschichte kennt !!! Ich möchte ihn mal sehen und ihm die Hand drücken!! Er ist ein bewundernswerter Mensch!" Das schrieb ein im Kriege mehrfach verwundeter und wegen Tapferkeit ausgezeichneter Hauptmann a. D. der russischen Luftwaffe.

Einer der erfolgreichsten deutschen Jagdflieger, Oberstleutnant a.D. und Träger des Ritterkreuzes mit Eichenlaub und Schwertern, *Heinrich Bär* (1957 in Braunschweig mit einer Sportmaschine tödlich abgestürzt), der über 1000 Einsätze flog, 220 Luftsiege errang (davon 104 gegen Westalliierte, inbegriffen 22 viermotorige Bomber!) und der 1945 mit dem berühmten Me-262-Turbinenjäger mit 16 Luftsiegen an erster Stelle stand, antwortete, als ihn ein amerikanischer Fliegeroffizier einmal über seine Meinung nach dem erfolgreichsten Jagdflieger der Welt, Erich Hartmann (Brillantenträger, 352 Luftsiege!), befragte: „ . . . er steht auf einer Stufe mit Hans-Ulrich Rudel, dem berühmten Stukapiloten. Sie sind die beiden furchtlosesten und tapfersten Männer, die ich kenne."*

Um das Bild des in der Luftkriegsgeschichte der Welt einmaligen Kämpfers, Kameraden und vorbildlichen Offiziers Hans-Ulrich Rudel zu ergänzen, sei hier abschließend die Würdigung zitiert, die Oberst *Nicolaus von Below*, ehemals Adjutant der Luftwaffe beim Obersten Befehlshaber, in so zutreffender Weise nach dem Kriege im Buch „Trotzdem"** vorgenommen hat:

„Nicht der Ehrgeiz nach Erfolgen oder der Drang nach neuen Auszeichnungen trieb ihn immer so schnell an die Front, sondern treibende Kräfte in diesem Mann waren sein Pflichtbewußtsein und seine ihm so selbstverständliche Einsatzbereitschaft. Ihm war die Einstellung zu eigen, daß der Offizier einen Beruf hat, in dem er nicht sich selber ge-

---

* „Das waren die deutschen Jagdflieger-Asse 1939—1945", Motorbuch-Verlag, Stuttgart, Seite 363.
** Verlag K.W. Schütz KG, Preuß. Oldendorf.

hört, sondern seinem Vaterland und den ihm anvertrauten Untergebenen, und daß er deshalb, im Kriege noch mehr als in Friedenszeiten, seinen Soldaten ein Vorbild sein soll, ohne Rücksicht auf eigene Person und eigenes Leben.

Mit derselben Uneigennützigkeit und Pflichtauffassung vertrat er mutig seine Ansichten seinen Vorgesetzten gegenüber. Ich war bei vielen Unterredungen mit Hitler zugegen und stellte fest, daß Rudel bei diesen Gelegenheiten kein Blatt vor den Mund nahm, sondern offen und ehrlich seine Meinung sagte, weil er als Offizier nicht anders konnte und weil er es für seine Pflicht hielt, seinen Kameraden an der Front und dem Vaterland gegenüber. Seine Tapferkeit war hier die gleiche wie im Kampf und trug ihm im besonderen Maße das Vertrauen seiner Vorgesetzten ein. Er gab damit seinen Erfolgen die eigentliche Grundlage, denn nur wo gegenseitiges Vertrauen herrscht, kann von Vorgesetzten und Untergebenen das Höchste und Letzte erreicht werden. Die alten Soldatentugenden, Treue und Gehorsam, bestimmten sein ganzes Leben."

Anhang

Oberst Werner Mölders

18. 3. 1913 in Gelsenkirchen geboren. (Vater Studienrat, am 2. 3. 1915 im Ersten Weltkrieg als Leutnant der Reserve beim Sturmangriff auf Vauquois [Argonnen], Frankreich, gefallen.)
Seit dem zweiten Lebensjahr in Brandenburg (Havel) aufgewachsen; Besuch der Volksschule und des Reform-Realgymnasiums; mit 17½ Jahren Abitur.

1. 4. 1931 Als Offiziersanwärter zum 2. Infanterie-Regiment nach Allenstein (Ostpreußen), Rekrutenausbildung.

1. 10. 1931 Fahnenjunker-Gefreiter in Rastenburg (Ostpreußen).

1. 4. 1932 zum Fahnenjunker-Unteroffizier befördert und zu einer Schützenkompanie nach Allenstein zurückversetzt. Ausbildung zum Gruppen- und Zugführer.

Okt. 1932 Kriegsschule Dresden.

1. 6. 1933 zum Fähnrich befördert und im gleichen Jahr zum Pionier-Bataillon 1 nach Königsberg (Ostpreußen) versetzt. Wenige Tage später Versetzung zur Pionierschule München. Von dort Meldung als Freiwilliger zur Fliegerei. Fliegertauglichkeitsprüfung nicht bestanden. Erneute ärztliche Untersuchung auf Betreiben von Mölders ergibt: „Bedingt tauglich!"

1. 2. 1934 Beförderung zum Oberfähnrich des Heeres.

6. 2. 1934 zur Verkehrsfliegerschule Cottbus kommandiert. Ausbildung zum Flugzeugführer, einschließlich C-2-Flugzeugführerschein.

1. 3. 1934 Leutnant und Flugzeugführer auf der Kampffliegerschule Tutow.

März 1935 Offizielle Übernahme in die neue Luftwaffe und Versetzung nach Schleißheim bei München zur Jagdflieger- und Stuka-Ausbildung.

15. 7. 1935 Versetzung zum Geschwader „Immelmann" nach Schwerin in Mecklenburg.

7. 3. 1936 beim Einmarsch der Deutschen Wehrmacht in die seit dem Versailler Diktat „entmilitarisierte Zone" des Rheinlandes landet Mölders als erster mit einer Jagdmaschine vom Typ Arado 65 (zweisitziger Doppeldecker) in Düsseldorf. Er und seine Kameraden werden von der Bevölkerung begeistert empfangen. Mölders bleibt dort, wird zum Jagdgeschwader „Horst Wessel" versetzt und leitet drei Jagdfliegerkurse.

1. 4. 1936 Beförderung zum Oberleutnant, Versetzung zur II./JG 134 nach Werl; Staffelführer der 1. Jagdschulstaffel.

15. 3. 1937 Als Staffelkapitän nach Wiesbaden versetzt. Von dort erfolgt seine Meldung als Freiwilliger zur deutschen „Legion Condor" nach Spanien.

14. 4. 1938 bis 5. 12. 1938 Einsätze als Schlacht- und Jagdflieger auf nationalspanischer Seite.

24. 5. 1938 Führer der 3./Jagdstaffel 88 der „Legion Condor". — Feindflüge zunächst mit dem Jagdeinsitzer He 51 (Heinkel-Doppeldecker), dann mit der Bf 109 B (Me 109).

15. 7. 1938 Sein erster Luftsieg beim Luftkampf zwischen sechs Messerschmitt und 45 (!) Curtiss I-15 der „Komintern"-Luftwaffe.

Okt. 1938 Beförderung zum Hauptmann wegen hervorragender Leistungen. Mölders wird mit 14 bestätigten Luftsiegen (vier Curtiss I-15, zehn Polikarpow I-16 Rata; drei weitere Abschüsse ohne Zeugen) erfolgreichster deutscher Jagdflieger in Spanien. Unter seiner Führung konnte die 3. Staffel insgesamt 42 Luftsiege erringen.

Januar—März 1939 zum Reichsluftfahrtministerium nach Berlin versetzt, um die neue Jagdfliegervorschrift auszuarbeiten.

15. 3. 1939 wieder Staffelkapitän in Wiesbaden (1. Staffel beim JG 53 „Pik-As"-Geschwader).

6. 6. 1939 Spanienkreuz in Gold mit Brillanten verliehen.

Ab 1. 9. 1939 während des Polenfeldzuges Überwachungsflüge im Westen.

8. 9. 1939 wegen Motorschadens Notlandung bei Wölfersweiler (Kreis Birkenfeld) auf feuchter Wiese mit Überschlag (Rückenverstauchung). Bis 19. September in ärztlicher Behandlung.

21. 9. 1939 Sein erster Luftsieg an der Westfront. Abschuß einer Curtiss. Wenige Tage später Verleihung des Eisernen Kreuzes II. Klasse.

Anfang Oktober 1939 Aufstellung der III. Gruppe des JG 53 durch Mölders.

2. 4. 1940 Hauptmann Mölders erzielt im Westen seinen 7. Abschuß (Raum Saargemünd); General der Flieger Sperrle (Luftflottenchef) überreicht ihm das Eiserne Kreuz I. Klasse.

20. 4. 1940 8. Luftsieg (Curtiss).

23. 4. 1940 9. Luftsieg, eine englische Hurricane-Maschine am Dreiländereck bei Perl, Südspitze Luxemburgs.

10. 5. 1940 Beginn des Frankreichfeldzuges. Gruppenkommandeur Hauptmann Mölders fliegt mit seinen Kameraden Begleitschutz für Kampfverbände. Mölders' Gruppe erzielt in den ersten Tagen nach Beginn des Feldzuges 13 Abschüsse bei einem Verlust.

22. 5. 1940 Hauptmann Mölders verbucht seinen 17. Abschuß (Potez 63). Fünf Tage später schießt er zwei Curtiss-Jäger ab und erringt damit als erster Jagdflieger den 20. Luftsieg.

29. 5. 1940 Ritterkreuz des Eisernen Kreuzes als erster Jagdflieger.

5. 6. 1940 durch Abschuß von zwei Maschinen (Potez 63, Bloch) insgesamt 25 Luftsiege; muß wegen mehrerer Treffer westlich von Compiègne, 60 Kilometer hinter den feindlichen Linien, mit dem Fallschirm „aussteigen" und gerät bis 30. Juni in französische Gefangenschaft.

19. 7. 1940 Vorzugsweise Beförderung zum Major.

27. 7. 1940 Kommodore des JG 51 an der Kanalfront.

28. 7. 1940 Schießt bei Dover (England) eine Spitfire brennend ab, erhält anschließend Treffer in Kühler, Kraftstofftank und Kabine, wird verwundet, kann aber noch Frankreichs Küste erreichen und macht „Bauchlandung". Nach elf Tagen aus Lazarett entlassen.

August 1940 Verleihung des Flugzeugführerabzeichens in Gold mit Brillanten.

20. 9. 1940 Abschuß von zwei Spitfire; erreicht damit als erster Jagdflieger 40. Luftsieg und erhält als erfolgreichster Jagdflieger das Eichenlaub zum Ritterkreuz, das ihm am 23. September vom Führer und Obersten Befehlshaber der Wehrmacht in der Reichskanzlei überreicht wird.

22. 10. 1940 50. Luftsieg nach Abschuß von drei Hurricanes.

25. 10. 1940 Wegen hervorragender Tapferkeit vor dem Feinde zum Oberstleutnant befördert.

26. 2. 1941 60. Luftsieg (eine Spitfire).

16. 4. 1941 64. und 65. Luftsieg, Anfang Mai folgen Nr. 67 und 68 (sämtliche an der Westfront).

22. 6. 1941 Nach 82. Luftsieg (Ostfront), Verleihung des Ritterkreuzes mit Eichenlaub und Schwertern; am 3. Juli im Führerhauptquartier überreicht.

15. 7. 1941 Fünf Abschüsse und erzielt damit 100. und 101. Luftsieg.

16. 7. 1941 Erhält als erster Soldat der Wehrmacht die damals höchste Tapferkeitsauszeichnung: Ritterkreuz des Eisernen Kreuzes mit Eichenlaub, Schwertern und Brillanten.

20. 7. 1941 Oberst (Feindflugverbot durch Reichsmarschall Göring).

7. 8. 1941 Mit 28 Jahren zum General der Jagdflieger ernannt.

22. 11. 1941 Tödlicher Absturz bei Schlechtwetterlandung und Motorausfall in Nähe Flugplatz Breslau-Gandau mit He 111 bei Flug Ostfront—Berlin zum Begräbnis von Generaloberst Ernst Udet. — Oberst Mölders wird auf dem Invalidenfriedhof in Berlin beigesetzt. Er errang insgesamt 115 bestätigte Luftsiege, davon 14 in Spanien, 68 an der Westfront, 33 im Osten.

3. 4. 1968 In Bath (Maine), USA, Stapellauf eines Lenkwaffenzerstörers der Bundesmarine, der den Namen „Mölders" erhält.

Hauptmann Hans-Joachim Marseille

13. 12. 1919 in Berlin-Charlottenburg als Sohn eines Heeresoffizieres geboren.

7. 11. 1938 als aktiver Offiziersanwärter zur Luftwaffe.

13. 3. 1939 Ernennung zum Fahnenjunker.

1. 5. 1939 Fahnenjunker-Gefreiter.

1. 7. 1939 Fahnenjunker-Unteroffizier.

1. 11. 1939 Fähnrich; Jagdfliegerschule Wien-Schwechat.

6. 9. 1940 Flugzeugführer beim I. (Jagd)Lehrgeschwader 2 in Frankreich; im gleichen Jahr mit I./LG 2 an die Kanalfront verlegt; zur 4./JG 52 versetzt; bei Einsätzen in beiden Geschwadern insgesamt sieben Spitfire abgeschossen.

Sept. 1940 Eisernes Kreuz II. und I. Klasse.

Januar 1941 zur I./JG 27 nach Döberitz bei Berlin versetzt.

22. 4. 1941 als Oberfähnrich mit I./JG 27 nach Nordafrika zur Unterstützung des Afrikakorps unter Rommel.

23. 4. 1941 Erster Abschuß in Afrika (Hurricane bei Tobruk).

17. 6. 1941 als Leutnant der 3./JG 27 zwei Hurricanes abgeschossen und fünf Abschüsse bis 14. 9. 1941.

24. 9. 1941 vier Luftsiege am Halfaya-Paß (Hurricanes).

bis 17. 12. Vierzehn Abschüsse.

12. 2. 1942 Vier Abschüsse in sechs Minuten bei Tobruk.

21. 2. 1942 50. Luftsieg.

22. 2. 1942 Ritterkreuz des Eisernen Kreuzes.

25. 4. 1942 Zwei Abschüsse in zwei Minuten.

Mai 1942 Oberleutnant.

10. 5. 1942 Zwei Hurricanes in zwei Minuten bei Martuba.

bis 31. 5. 1942 zwölf Luftsiege.

3. 6. 1942 Sechs Abschüsse in elf Minuten.

6. 6. 1942 Ritterkreuz mit Eichenlaub (97. Soldat) nach 75 Luftsiegen.

8. 6. 1942 Staffelkapitän der 3./JG 27.

10. 6. 1942 Vier Luftsiege in fünfzehn Minuten bei Bir Hacheim.

15. 6. 1942 Vier Luftsiege in fünf Minuten, damit 91. Luftsieg erzielt.

16. 6. 1942 Vier Abschüsse.

17. 6. 1942 Sechs Abschüsse in sieben Minuten über Flugplatz Cambut, als elfter Jagdflieger den 100. und 101. Luftsieg.

18. 6. 1942 Ritterkreuz mit Eichenlaub und Schwertern (12. Soldat) in der Reichskanzlei Berlin vom Führer und Obersten Befehlshaber der Wehrmacht verliehen.

1. 9. 1942 Siebzehn (!) Luftsiege in drei Einsätzen, davon acht Abschüsse innerhalb zehn Minuten.

2. 9. 1942 Fünf Luftsiege.

3. 9. 1942 Sechs Luftsiege.

4. 9. 1942 Ritterkreuz des Eisernen Kreuzes mit Eichenlaub, Schwertern und Brillanten (4. Soldat) nach 126 Luftsiegen.

5. 9. 1942 Vier Luftsiege.

6. 9. 1942 Vier Luftsiege (drei Curtiss, eine Spitfire).

7. 9. 1942 Zwei Luftsiege.

11. 9. 1942 Zwei Luftsiege.

15. 9. 1942 Sieben Abschüsse in elf Minuten, erzielt damit als 3. Jagdflieger den 150. Luftsieg.

16. 9. 1942 mit 22 Jahren jüngster Hauptmann der Wehrmacht.

26. 9. 1942 Sieben Luftsiege (sechs Spitfire, eine Curtiss), damit 158 Abschüsse.

30. 9. 1942 Tödlicher Absturz ohne Feindberührung um 11.36 Uhr bei
Sidi Abd El Rahman nach 158 Luftsiegen, davon 151 in Nordafrika (erfolgreichster Jäger gegen Westgegner), bei insgesamt
nur 382 Feindflügen. Hauptmann Marseille wurde in Derna
(Libyen) beigesetzt.

Major Walter Nowotny

7. 12. 1920 in Gmünd (Niederösterreich) als jüngster von drei Söhnen
eines Bahnbeamten geboren.

1926—1930 Volksschule in Schwarzenau.

ab 1930 Sängerknabe in Zisterzienser-Stiftschule Zwettel, danach Oberrealschule in Waidhofen (Thaya) und ab 1935 Staatliche
Oberschule in Laa (Thaya).

26. 1. 1939 Freiwilligenmeldung als Offiziersbewerber der Luftwaffe.

22. 5. 1939 Reifeprüfung, anschließend Reichsarbeitsdienst.

1. 10. 1939 Luftkriegsschule Breslau-Schöngarten (LKS 5), drei Monate
Grundausbildung, dann Fahnenjunker und Flugschüler.

1. 3. 1940 Fahnenjunker-Gefreiter, kurz darauf Fahnenjunker-Unteroffizier.

1. 7. 1940 Fähnrich und Versetzung zur Jagdfliegerschule Wien-Schwechat.

15. 11. 1940 zur 1./Ergänzungs-Jagdfliegergruppe nach Merseburg versetzt (frontreife Jäger-Ausbildung und Jagdschutz für Leuna-
Werke).

1. 12. 1940 Einsatzstaffel des JG 54.

23. 2. 1941 9. Staffel der III./JG 54 „Grünherz"-Geschwader (Kommodore Ritterkreuzträger Hannes Trautloft).

1. 4. 1941 Leutnant (mit Rückwirkung vom 1. 2. 1941).

10. 7. 1941 Erster Feindflug Nordabschnitt der Ostfront.

19. 7. 1941 Die ersten drei Abschüsse über der Insel Ösel (drei russische Jäger vom Typ Curtiss I-153), danach abgeschossen, Notwasserung, drei Tage und Nächte im Schlauchboot mit den Händen zurückgepaddelt, nach rund 50 Kilometer bei Mikelbaka (Lettland) an Land gekommen.

August 1941 Eisernes Kreuz I. Klasse, nach zehn Abschüssen.

4. 8. 1942 Sieben Luftsiege (48.—54. Abschuß).

4. 9. 1942 Riterkreuz des Eisernen Kreuzes, nach 56. Luftsieg.

25. 10. 1942 mit 21 Jahren Staffelkapitän der I./JG 54.

Frühjahr 1943 mehrmals im Wehrmachtbericht genannt.

1. 2. 1943 Oberleutnant.

25. 3. 1943 79. Luftsieg (Spitfire).

20. 5. 1943 82. Luftsieg.

Juni 1943 insgesamt 41 Abschüsse.

15. 6. 1943 100. Luftsieg.

24. 6. 1943 Zehn Abschüsse (!) und damit 124. Luftsieg.

Aug. 1943 insgesamt 49 Abschüsse.

12. 8. 1943 128. Luftsieg.

13. 8. 1943 Neun Abschüsse und damit 137. Luftsieg.

14. 8. 1943 Drei Abschüsse und damit 140. Luftsieg.

18. 8. 1943 150. Luftsieg (als 16. Jagdflieger) und 151. Abschuß.

21. 8. 1943 Sieben Abschüsse, damit 161. Luftsieg.
Kommandeur der I./JG 54 (als Oberleutnant mit 22 ½ Jahren.)

28. 8. 1943 173. Luftsieg.

Sept. 1943 insgesamt 45 Abschüsse, worin u. a. folgende Luftsiege enthalten sind:

1. 9. 1943 Zehn Abschüsse (!), damit 183 Luftsiege; Hauptmann.

5. 9. 1943 Eichenlaub zum Ritterkreuz des Eisernen Kreuzes (293. Soldat) nach 191. Luftsieg.

9. 9. 1943 200. Luftsieg als vierter Jagdflieger der Welt.

15. 9. 1943 215. Abschuß (danach wegen Motorschadens Landung mit stehender „Latte").

20. 9. 1943 218. Luftsieg, damit alle Flieger-Asse überrundet und z. Z. erfolgreichster Jagdflieger der Welt!

22. 9. 1943 Ritterkreuz mit Eichenlaub und Schwertern (37. Soldat), nach 218. Luftsieg.

ab 5. 10. 1943 innerhalb von zehn Tagen 32 Abschüsse.

9. 10. 1943 Acht Abschüsse.

14. 10. 1943 Vier Abschüsse, damit bei nur 442 Einsätzen den 250. Luftsieg erreicht. Einmalige Leistung in der Luftkriegsgeschichte! (Außerdem 50 unbestätigte Abschüsse, da keine deutschen Luftzeugen über russischem Gebiet.)

19. 10. 1943 Ritterkreuz mit Eichenlaub, Schwertern und Brillanten, als achter Soldat der Wehrmacht.
(Bis 1. 1. 1945 war das die höchste deutsche Tapferkeitsauszeichnung, dann wurde das Goldene Eichenlaub die höchste Auszeichnung und nur an Oberst Rudel verliehen.)

20. 10. 1943 Nennung im Wehrmachtbericht und Sondermeldung des Großdeutschen Rundfunks: „Der Führer verlieh am 19. Oktober 1943 Hauptmann Walter Nowotny, Gruppenkommandeur in einem Jagdgeschwader, anläßlich seines 250. Luftsieges als achtem Soldaten der deutschen Wehrmacht das Eichenlaub mit Schwertern und Brillanten zum Ritterkreuz des Eisernen Kreuzes.
Hauptmann Walter Nowotny ist als Jagdflieger der sechste Träger dieser höchsten deutschen Tapferkeitsauszeichnung. Mit 250 Luftsiegen steht er an der Spitze aller deutschen Jagdflieger."

18. 1. 1944 Ehrenring der Stadt Wien, die höchste Auszeichnung, die Österreichs Hauptstadt vergibt. Text der Urkunde: „Die Stadt Wien widmet ihrem Bürger Hauptmann Walter Nowotny in dankbarer Würdigung seines heldenhaften Einsatzes für Deutschlands Größe den Ehrenring der Stadt Wien."

Febr. 1944 Abschied von seiner Gruppe nach insgesamt 255 Luftsiegen an der Ostfront: Auf Grund eines Führerbefehls aus aktivem Einsatz gezogen und mit der Führung der Jagdfliegerschule I (JG 101) in Paux in den französischen Pyrenäen beauftragt.

Anfang April 1944 Kommodore des Jagdgeschwaders 101.

Spätsommer 1944 Verlegung der Jagdfliegerschule I von Südfrankreich nach München.

1. 9. 1944 Major (mit knapp 24 Jahren jüngster Major der Wehrmacht).

Sept. 1944 Versetzung zur Erprobungsstelle der Luftwaffe Rechlin, um den Turbinenjäger Me 262 frontreif zu machen (Versetzungsdauer rund 14 Tage).

25. 9. 1944 Chef des „Kommandos Nowotny" zur Einsatzerprobung der Me 262; Einsatzhäfen Achmer und Hesepe bei Bramsche im Raum Osnabrück. Von Achmer aus erzielte Nowotny mit dem Turbinenjäger drei Luftsiege.

8. 11. 1944 nach Versagen eines Triebwerkes seiner Me 262 gefallen. Aufschlagbrand in Nähe des Flugplatzes. Ein Ehrenmal erinnert in Epe bei Bramsche an seinen Fliegertod.

15. 11. 1944 Feierlicher Staatsakt in der Wiener Hofburg im großen Zeremoniensaal, Überführung des Sarges auf einer motorisierten Lafette über den Heldenplatz durch die Tore des Wiener Gefallenenehrenmals über die Ringstraße zum Zentralfriedhof und Beisetzung in einem Ehrengrab der Stadt Wien.

Major Walter Nowotny, Träger des Ritterkreuzes mit Eichenlaub, Schwertern und Brillanten, errang 258 Luftsiege, davon 255 im Osten, und über 50 unbestätigte Abschüsse. Der von ihm geführte Schwarm Nowotny, Schnörrer, Döbele, Rademacher erzielte von 1941 bis 1943 500 bestätigte Abschüsse.

Oberst Hans-Ulrich Rudel

2. 7. 1916 in Konradswaldau (Schlesien) als Sohn eines ev. Pfarrers geboren; Schulzeit in Schweidnitz, Sagan, Niesky, Görtlitz, Lauban (Volksschule und humanistisches Gymnasium: Abitur), Sporterfolge (Skisport, Leichtathletik), vor Beginn des Krieges Olympia-Anwärter im Zehnkampf für 1940.

Aug. 1936 Annahmeprüfung als Offiziersanwärter der Luftwaffe bestanden; zwei Monate Reichsarbeitsdienst.

4. 12. 1936 Dienstantritt bei der Luftwaffe, Grundausbildung in Wildpark-Werder bei Berlin.

Juni 1937 Beginn der Flugzeugführerausbildung auf Luftkriegsschule Berlin-Werder.

Juni 1938 als Oberfähnrich zur Sturzkampfflieger-Ausbildung in Graz-Thalerhof. I./Stuka-Geschwader 168.

1. 12. 1938 Versetzung zur Aufklärerschule Hildesheim, Beobachterausbildung.

1. 1. 1939 Leutnant.

1. 6. 1939 als Beobachter zur Fernaufklärungsgruppe 121 nach Prenzlau.

Sept. 1939 Aufklärereinsätze im Polenfeldzug.

Nov. 1939 Eisernes Kreuz II. Klasse, Rückverlegung nach Prenzlau; Versetzungsgesuche zur Stuka-Fliegerei erfolglos.

2. 3. 1940 Fliegerausbildungs-Regiment 43 Wien-Stammersdorf und Crailsheim/Württemberg (Regimentsadjutant); Versetzungsgesuch erfolgreich: Rudel kommt zum alten Grazer Stuka-Verband, der in Caen (Frankreich) liegt.

1. 9. 1940 Oberleutnant.

April 1941 I./Stuka-Geschwader „Immelmann" (Griechenland).

22. 6. 1941 Beginn des Rußlandfeldzuges, Stuka-Einsätze, I./SG 2 „Immelmann".

Juli 1941 Eisernes Kreuz I. Klasse, Frontflugspange in Gold.

Sept. 1941 Ehrenpokal der Luftwaffe für besondere Leistungen im Luftkrieg.

22. 9. 1941 Versenkung des russischen Schlachtschiffes „Marat" (23 600 BRT) im Hafen von Kronstadt.

10. 11. 1941 bei 1. Staffel im I./Stuka-Geschwader „Immelmann", später zur III. Gruppe

Dezember 1941 Deutsches Kreuz in Gold (500. Feindflug).

6. 1. 1942 Ritterkreuz des Eisernen Kreuzes.

15. 8. 1942 Staffelkapitän in der III./SG „Immelmann".

Herbst 1942 Führer der Stuka-Ergänzungsstaffel Graz-Thalerhof; Verlegung zur Ostfront (Kaukasus).

Januar 1943 1000. Feindflug Südabschnitt der Ostfront (Kampfraum um Isjum), III./Stuka-Geschwader „Immelmann".

1. 4. 1943 Hauptmann (wegen besonderer Tapferkeit vor dem Feinde Rangdienstalter vom 1. 4. 1942).

Frühjahr 1943 mit „Kanonenmaschine" (zwei 3,7 cm) Vernichtung von 70 russischen Landungsbooten am Kubanbrückenkopf.

14. 4. 1943 Eichenlaub zum Ritterkreuz des Eisernen Kreuzes (229. Soldat der Wehrmacht).

19. 7. 1943 Führer der III./SG 2 „Immelmann".

18. 9. 1943 mit Wahrnehmung der Geschäfte des Kommandeurs III./ SG 2 beauftragt.

25. 11. 1943 Ritterkreuz mit Eichenlaub und Schwertern als 42. Soldat; über 100 Panzerabschüsse.

22. 2. 1944 zum Kommandeur der III./SG 2 „Immelmann" ernannt.

1. 3. 1944 Major (Rangdienstalter 1. 10. 1942 wegen höchster Tapferkeitsauszeichnungen).

20. 3. 1944 nach Angriff auf Dnjestr-Brücke bei Jampol Landung auf Feindgebiet, um eine Flugzeugbesatzung zu retten; Gefangennahme durch russische Soldaten, Flucht mit Schulterdurchschuß zu den deutschen Linien.

27. 3. 1944 Nennung im Wehrmachtbericht: „ . . . Major Rudel, Gruppenkommandeur in einem Schlachtgeschwader, vernichtete im Süden der Ostfront an einem Tage 17 Panzer."

28. 3. 1944 Nennung im Wehrmachtbericht: „ . . . Zwischen Dnjestr und Pruth griffen starke deutsche Schlachtfliegergeschwader in die Kämpfe ein. Sie zerstörten zahlreiche feindliche Panzer und eine große Zahl motorisierter und bespannter Fahrzeuge. Dabei vernichtete Major Rudel wiederum neun feindliche Panzer. Er hat damit in mehr als 1800 Einsätzen allein 202 feindliche Panzer vernichtet . . ."

29. 3. 1944 Ritterkreuz des Eisernen Kreuzes mit Eichenlaub, Schwertern und Brillanten als 10. Soldat der Wehrmacht.

3. 6. 1944 Nennung im Wehrmachtbericht: „ . . . Major Rudel, mit dem höchsten deutschen Tapferkeitsorden ausgezeichnet, flog an der Ostfront zum 2000. Male gegen den Feind . . ."; anläßlich des 2000. Feindfluges Verleihung des Flugzeugführerabzeichens in Gold mit Brillanten und Frontflugspange in Gold mit Brillanten.

6. 8. 1944 Nennung im Wehrmachtbericht: „ . . . 27 weitere Panzer wurden durch Schlachtflieger vernichtet. Hiervon schoß Major Rudel allein 11 Panzer ab und erzielte damit seinen 300. Panzerabschuß durch Bordwaffen."

Mitte August Abschuß des 320. Panzers.

19. 8. 1944 bei Ergli (Kurlandfront) wird Rudel durch Flak abgeschossen (Beinverwundung), Notlandung.

Spätsommer 1944 Führung des Stuka-Geschwaders „Immelmann" (SG 2) übernommen.

1. 9. 1944 Oberstleutnant.

Herbst 1944 Verwundung in Ungarn durch Erdbeschuß (Steck- und Durchschuß im linken Oberschenkel), Notlandung auf Jägerflugplatz bei Budapest; „Flucht" aus Lazarett Hevis am Plattensee, Einsätze mit Gipsverband.

1. 1. 1945 Als erster und einziger Soldat der Deutschen Wehrmacht erhält Rudel vom Führer und Obersten Befehlshaber die höchste deutsche Tapferkeitsauszeichnung: Das Goldene Eichenlaub mit Schwertern und Brillanten zum Ritterkreuz des Eisernen Kreuzes und wird gleichzeitig zum Oberst befördert.

16. 1. 1945 Verleihung der höchsten Tapferkeitsauszeichnung Ungarns: Goldene Tapferkeitsmedaille. (Nur siebenmal verliehen worden, Rudel erhielt sie als einziger Ausländer.)

9. 2. 1945 bei Lebus (Oder) Abschuß von 12 Panzern, bei Abschuß des 13., Treffer durch russische 4-cm-Flak ins rechte Bein; Notlandung auf deutschem Gebiet, Bordschütze Dr. Gadermann (Ritterkreuzträger) legt Notverband an, rettet Rudel vor dem Verbluten, auf Hauptverbandplatz Amputation des rechten Unterschenkels; Lazarettaufenthalt.

10. 2. 1945 Nennung im Wehrmachtbericht: „Oberst Rudel schoß in den letzten Tagen 11 sowjetische Panzer ab und erhöhte damit seine Abschußerfolge auf 516 Panzer." (Hier liegt offensichtlich ein Irrtum vor: Rudel schoß am 9. 2. in Wirklichkeit 13 Panzer ab; durch Zeugen bestätigt.)

Nach Lazarettaufenthalt fliegt Rudel mit nicht verheiltem, blutendem Beinstumpf Einsätze trotz Flugverbotes. Abschuß weiterer Panzer z. T. nicht als persönliche Erfolge weitergemeldet, sondern auf Geschwader-„Konto" verbucht.

Oberst Rudel vernichtete auf 2530 Feindflügen (eine Zahl, die von keinem Flieger auch nur annähernd erreicht wurde) 519 russische Panzer, 1 Schlachtschiff, mehrere andere Schiffseinheiten, Hunderte von motorisierten und bespannten Fahrzeugen, zahlreiche Artillerie-, Pak- und Flakstellungen, Brücken, erzielte 9 bestätigte Luftsiege (7 russische Jäger, 2 Schlachtflugzeuge Il 2), wurde über 30mal durch Erdabwehr abgeschossen und fünfmal verwundet. Nach Kapitulation in amerikanischer Gefangenschaft.

Zahlreiche Sportsiege (Ski und Tennis) nach dem Kriege; mit Unterschenkelprothese 1949 Besteigung des Aconcagua (Anden, 7000 Meter), 1953 Erstbesteigung des Llullay-Yacu (Südamerika), höchster Vulkan der Erde, rund 6800 Meter.